LE CHAMP FREUDIEN

COLLECTION DIRIGÉE PAR JACQUES LACAN

PARTAGE DES FEMMES

EUGÉNIE LEMOINE-LUCCIONI

PARTAGE
DES FEMMES

ÉDITIONS DU SEUIL
27, rue Jacob, Paris VIᵉ

Introduction

Il sera parlé ici d'homme et de femme, comme si la distinction allait de soi. Il nous suffit en effet qu'ils se distinguent comme étant chacun le fantasme de l'autre. A partir de là, il est possible de se demander dans quelle voie ce fantasme les engage et jusqu'où il les conduit.

Il les conduit effectivement aujourd'hui à un état de crise. Il y a querelle et il y a plainte [1], plainte au sens juridique du terme. Mais les raisons alléguées sont toutes insoutenables. Car, comme toute rationalisation, elles recouvrent et maintiennent un bénéfice inavoué; s'il est vrai que nul ne doit ni ne peut accepter l'esclavage, la seule question qui demeure quand il est accepté, voire demandé, est celle-ci : il est accepté pour quoi, pour quel bénéfice?

Toutefois il n'est pas possible de ne pas entendre cette plainte. Et si les raisons alléguées par les femmes sont peu convaincantes, il faut pourtant prendre acte de leur violence comme raison, contre la violence subie. Plainte à jamais fixée dans le monde mythique par Déméter et Koré et qui se réduit à ces mots hurlés, vomis par Marie Cardinal, dans le récit qu'elle fait de son analyse [2]. « Si j'avais pu savoir le mal qu'elle (ma mère) allait me faire, si... j'avais pu imaginer la *vilaine* blessure *inguérissable* [3] qu'elle allait m'infliger, j'aurais poussé un hurlement. Bien campée sur les deux jambes écartées, j'aurais été chercher en moi la *plainte fondamen-*

1. Jacques Hassoun, « La plainte des femmes », *Lettres de l'École freudienne*, n° 17.
2. Marie Cardinal, *Les mots pour le dire*, Grasset, 1973.
3. C'est moi qui souligne.

7

tale [1] que je sentais se former; je l'aurais conduite jusqu'à ma gorge, jusqu'à ma bouche de laquelle elle serait sortie sourdement d'abord comme une corne de brume; puis elle se serait enflée comme un ouragan. J'aurais hurlé à la mort et je n'aurais jamais entendu les mots qu'elle allait laisser tomber sur moi comme autant de *lames estropiantes* [2]. » Marie Cardinal a trouvé les mots pour dire sa plainte, pour la dire dans le monde des hommes, à quelqu'un qui est à l'écoute; ainsi s'illustre la thèse de Jacques Hassoun : « Pouvoir porter plainte, comme privilège accordé par les hommes aux femmes, comme privilège que s'octroient les femmes dans une société d'hommes. »

La plainte fait aussi le fond des analyses de femmes qui sont à l'origine de ce travail. Femmes enceintes pourtant et jouissant, de ce fait, d'un savoir refusé à l'homme. Mais les analysants aussi bien se plaignent; et de quoi? De ne point participer à la création comme les femmes, par l'enfantement. Les femmes veulent parler; les hommes veulent enfanter. Faute de quoi c'est la névrose ou la psychose. On ne peut aborder la sexualité féminine sans aborder du même coup celle de l'homme sous peine d'en faire deux entités.

Donc, la femme participe à la création; et c'est en quoi elle est divisée, étant aussi bien créature. C'est là son partage et sa souffrance; ce qui lui revient en partage et la divise. Là aussi le midi de la jouissance.

L'homme est de son côté créature et créateur, mais la ligne de partage ne passe pas *en* lui; elle passe *entre* la femme et lui. La femme est la vérité qu'il interroge pour trouer le secret de la création (et je garde volontiers la faute de frappe : trouer pour trouver).

La femme n'interroge pas l'homme. Elle souffre d'être divisée et l'invoque, lui, comme l'idéal même de l'unité. Seulement cet idéal, c'est ce qu'elle n'est pas : une. Et si elle devient une, elle devient du même coup « l'Autre pour elle-même, comme elle l'est pour lui ».

1. C'est moi qui souligne.
2. C'est moi qui souligne.

8

L'homme est un, par la grâce du signifiant de son manque, le phallus, qui se trouve être le symbole de son organe sexuel, le pénis, qui se trouve être l'organe par où passe et se manifeste son désir de la femme, l'instrument qui organise sa libido. Sa jouissance, c'est de trouver dans la femme l'Autre et aussi, tant soit peu, le savoir et l'avoir. Mais ce savoir ne le divise pas. L'homme est et reste, en tant qu'homme — et à supposer qu'il existe en tant qu'un homme qui ne serait pas aussi une femme —, un.

La jouissance de la femme, c'est la révélation de cet un dans l'Autre, qui la fait une le temps de l'amour. Mais d'être une, la fait Autre, et la sépare de sa « mère » au sens où l'on dit « la mère du liège » de la couche entre le cœur et l'écorce. De même, la connaissance que lui donne la mise au monde de l'enfant passe par sa propre et mortelle division. Aussi, comme nous l'a clamé Antigone, la femme est-elle vouée au culte des Morts; et de même s'offre-t-elle à l'adoration pour sa fécondité.

Aucune révolution sexuelle ne fera bouger ces lignes de partage, ni celle qui passe entre l'homme et la femme, ni celle qui divise la femme. L'homme aimera toujours ce qui est mis à la place du manque, fût-ce un simple voile. Et la femme aimera toujours l'amour qui fait l'un Eros; cet un fût-il fallacieux. Ils ne touchent à la vérité, l'un et l'autre, l'un par l'autre, qu'au risque de se perdre. A quoi ils préfèrent d'ordinaire l'affirmation de leur respective suffisance : et la névrose.

L'homme et la femme naissent l'un comme l'autre sous le régime du manque. Ils se distinguent toutefois aussitôt par la dérive que le manque à être emprunte à l'avoir chez l'homme, qui s'en tient à l'avoir du fait qu'il a un pénis. La femme s'en tient, elle, au manque à être; l'avoir ou pas restant pour elle du registre de l'imaginaire.

L'homme cherche à combler son manque, quand le pénis n'y suffit plus, par un savoir; tandis que la femme, pour curieuse qu'elle puisse être et même passionnée, ne brûle pas — de ce désir-là du moins — tout entière. En quelque sorte, sur l'origine, elle sait déjà.

De telles déclarations ne visent à définir ni un statut ni une essence. Elles font état seulement d'une opinion actuelle, sans questionner la pérennité de cette opinion, quitte à ce que l'on découvre qu'elle est constante et générale.

L'homme interroge le savoir de la femme, savoir qui n'est pas la science mais l'oméga de la science. La connaissance sexuelle de la femme, du fait et pour le compte de l'homme, est le commencement de la science et de toute poésie. Nous savons cela depuis Dante : le savant c'est l'homme; le philosophe, c'est l'homme; le poète, c'est l'homme. La femme, c'est le savoir, « l'autre nom de dieu » dirait peut-être en ce point Lacan : « mais alors elle n'existe pas » ajouterait-il. Quant à l'homme, sa passion de savoir le totalise avant de totaliser le monde. Il n'y a chez lui quasiment pas de reste reconnu.

« Il n'y a pas de génie féminin et il ne peut pas y en avoir... la femme n'a pas d'âme... les femmes sont dépourvues à la fois d'essence et d'existence; elles ne sont pas et sont rien. On est homme ou femme dans la mesure où on est... la femme doit disparaître comme femme [1]. »

Certes. Il n'y a pas un mot à retirer de ce texte. Mais ce qui m'intéresse, si je suis analyste, c'est pourquoi Otto Weininger *veut* faire disparaître la femme, comme femme; et pourquoi tant de passion?

La femme n'est pas, c'est entendu; et pourtant si elle disparaît, disparaît aussi le symptôme de l'homme comme dit Lacan. Et si plus de symptôme, plus de langage, et donc plus d'homme non plus.

Aussi ne pouvais-je manquer au point présent d'une réflexion qui traverse le champ freudien, de m'interroger, moi femme sur le « Que veut une femme? », même si je cours le risque de découvrir qu'elle veut justement disparaître comme femme. Question, qui ne suppose pas qu'une autre soit résolue, à savoir : « Que veut un homme? »

1. Otto Weininger, *Sexe et Caractère*, L'âge d'homme, Éditions Métropole, Lausanne, 1975.

Il s'agit ici d'un travail analytique et non philosophique ni politique. On s'y préoccupe peu de savoir si la femme doit faire la révolution pour avoir raison d'une méconnaissance qui l'aurait jusqu'ici privée de prendre la parole. Ni non plus de reprendre un discours philosophique qui serait erroné par suite de cette méconnaissance, et de lui en substituer un plus juste [1].

Pour un sujet en analyse ou analyste, tous les discours se valent ; c'est-à-dire qu'aucun ne vaut, sauf celui dans lequel il a été pris. Si l'analyse ne reste pas accrochée au plus particulier du désir du sujet — particulier défini à chaque instant par son histoire et dit par son symptôme —, elle se perd dans une science généralisée qui aseptise précisément le désir. Ce qui tombe dans le symptôme, de la particularité du sujet, de son anormalité la plus imperméable et la plus ignorée, devient au contraire sensible. A partir de quoi, la souffrance engendrant une demande, peut se faire le travail analytique d'interprétation et d'intervention. C'est donc à partir de ce symptôme le plus particulier que s'introduit l'universel d'une science possible ; et ce, du fait que le symptôme affectant la forme pathologique de la souffrance, fait déjà appel au langage et rend possible le travail de pensée. Mais il ne saurait y avoir de pensée à partir de rien. C'est ainsi que trouve son fondement le cliché selon lequel l'artiste est malade et le génie fou. Certes ils le sont. Ils le seraient ; ils auraient pu l'être. L'homme est ainsi fait qu'il dit son mal.

Ma réflexion se confond toujours avec ce que dit tel ou tel de mes analysants (hommes *ou* femmes) et aussi bien, à travers ces dires, l'analysante que je suis ; puisqu'on entend seulement ce qu'on est susceptible de dire, mais qui sans l'autre resterait non dit.

Ce dit témoigne qu'il est bien vrai que la femme se trouve prise dans des paradigmes et systèmes de représentation virils. Mais je n'en conclus pas qu'elle ne devrait pas y être prise. Je n'en sais rien.

1. Luce Irigaray, *Le Speculum de l'autre femme*, Éditions de Minuit, 1974.

Et délibérément, je me remets à l'écoute : que disent-elles, ces femmes enceintes ?

Posons d'abord qu'il n'y a pas d'analyse d'enfant, ni d'analyse d'homme ou de femme, spécifique. Il n'y a pas non plus d'analyse de femme enceinte spécifique. Il y a l'analyse, et un nombre illimité d'analyses particulières. Autant d'analyses que d'analysants. Autant de symptômes que d'analysants.

CHAPITRE I

La fable du sang

J'appelle *fable* ce que le sujet se raconte et raconte. C'est un récit hors du temps de l'histoire du sujet; mais non hors du temps de l'analyse, bien sûr, puisque la fable ponctue le transfert. C'est dans la mesure où faits et personnages sont ainsi repris dans un récit et s'y organisent en référence à des signifiants, non plus à une vérité historique, qu'ils peuvent constituer une fable. Il n'y manque même pas l'apologue que le sujet croit pouvoir en tirer, et qui se ramène à un : « Et voilà pourquoi... » découragé.

I. LA FABLE

La jeune femme en analyse dont il est question ici, Anne-Marie, a vingt-trois ans. Elle est heureusement mariée. Elle a voulu son enfant; et son mari l'a voulu également. Il a même accepté pour cela de suivre un traitement et de subir une opération : il avait « des hémorroïdes aux testicules ». Quant à elle — ce qui n'est pas original aujourd'hui —, elle prenait la pilule et a dû attendre trois mois pour concevoir l'enfant. C'est dire qu'il y a eu le moment de la décision avant celui de la conception : la volonté d'avoir un enfant était solide.

Anne-Marie est, comme on dit, tombée enceinte en cours d'analyse. J'en ai été aussitôt informée, comme j'avais été informée de la décision. Quand la grossesse a été confirmée, elle m'a déclaré du même coup qu'elle n'avait plus rien à me dire. Mais c'était faux, comme on va voir.

L'essentiel de la fable se rassemble autour du thème du sang. Non que ce thème donne lieu à d'abondants commentaires. Mais il apparaît dans des faits biographiques et des rêves surprenants de précision. Ainsi, Anne-Marie a souffert d'une aménorrhée de deux ans, à l'âge de dix-huit ans, accompagnée de constipation, tout comme sa mère, au même âge. Je note qu'elle a en outre la parole rare et extrêmement lente. Rien ne « sort ».

Mais rien ne « rentre » non plus très aisément, puisqu'elle est anorexique. A des années de distance me revient la voix monocorde et le débit hésitant de Blandine, une jeune fille de vingt ans, également anorexique et aménorrhéique, *comme sa mère au même âge*.

Le grand-père maternel d'Anne-Marie est mort d'une hémorragie cérébrale et le père d'Anne-Marie, officier de marine, puis censeur de lycée, est mort également d'une hémorragie cérébrale, très brutalement : étrange coïncidence qui me suggère aussitôt qu'il y a déplacement vers le haut chez les hommes d'un côté comme de l'autre. Ces accidents sanguins me font associer le récit d'Anne-Marie aux propos que m'a tenus un homme également en analyse : « J'étais persuadé d'avoir des caillots de sang à la tête », me répétait-il. Il expliquait ainsi les « terribles migraines » qu'il avait eues vers ses douze ans. Évidemment le sang prend chez les filles de cet âge un autre chemin.

« Un an après la mort de mon père, explique Anne-Marie, j'ai mis du *rouge* à lèvres sur le conseil d'un médecin et les règles sont revenues. » Elle ajoute : « J'étais fiancée. »

Ce rouge me rappelle le premier rêve que m'a raconté Blandine : elle jouait au tennis et avait quelque chose de rouge, quelque part : robe, jupe, veste... Quelques mois plus tard, elle déclare ne plus rêver; elle dit aussi que du *temps* où elle rêvait, ses rêves étaient gris, sans couleurs... tandis que sa mère rêve en couleurs... oui sa mère lui racontait ses rêves; elle lui dit encore maintenant quand elle a ses règles. « Tu as bien de la chance » lui répond Blandine (« de pouvoir dire que tu as tes règles » s'il est permis de compléter). Aussi faut-il que sa mère sache, en retour, qu'elle ne mange pas, qu'elle ne dort pas, qu'elle n'a pas ses règles. Et il faut que je sache, moi analyste, qu'elle ne rêve pas. Règles et rêves peuvent ainsi se substituer l'un à l'autre, en tant qu'objet de refus, en tant que *non*, dit à la mère.

De même Anne-Marie, dont la mère « comme toujours n'y comprenait rien », juge-t-elle que sa mère, avertie par sa propre expérience aurait dû comprendre. Elle nourrit contre elle une rancune tenace. Quand elle apparaît dans ses rêves, cette mère est toujours folle ou morte. Pourtant Anne-Marie est la plus déférente et la plus docile des filles; elle se trouve être de surcroît la fille aînée du deuxième lit; elle est parfaite et elle réussit ce que la fille aînée du premier lit ne réussit pas; elle n'a de perfection, cette autre aînée, dans aucun domaine. Le rôle de l'aînée qui réussit n'est bien évidemment là que pour la montre. Il prépare l'acting out qui trahira clairement son organisation tout extérieure ou bien le passage à l'acte libérateur.

Avec les hommes, « ça va ». Anne-Marie a épousé un polytechnicien, fils de général; l'armée après la marine, donc, et l'on monte en grade. Il s'appelle Xavier. Quand il rentre tard, elle le suppose mort. Petite, il lui est arrivé de ne pas reconnaître son père venu l'attendre à la sortie de l'école, tellement fort elle l'avait elle-même attendu. Sans doute ses yeux occupés par l'image aimée s'étaient-ils affolés au point de noyer son regard dans la foule amassée à la sortie. Hormis le père lui-même, il n'y a pas d'autre représentant de la famille paternelle dans le récit d'Anne-Marie. Par contre la famille maternelle paraît inépuisable : il y a le jeune oncle qui la terrorisait délicieusement en la faisant jouer dans les hautes vagues, malgré sa phobie de l'eau, notoire dans cette famille de marins. Elle remarque elle-même que l'eau et le sang menacent tour à tour d'inondation dans ses rêves. Il y a encore une sœur de la mère, célibataire, et qui a essayé de « prendre » à sa sœur pour les élever à sa façon, tous ses enfants, un à un.

Or, Anne-Marie est devenue psychologue et s'occupe d'enfants. Enfin, la plus jeune sœur d'Anne-Marie, Mirelle, est dépressive. Elle préoccupe beaucoup Anne-Marie qui se reproche d'avoir eu au regard de Mirelle un « statut privilégié » et donc de l'avoir maintenue dans la dépression. Par ailleurs, elle établit un lien entre les troubles mentaux de cette sœur et ceux supposés menacer sa mère. Celle-ci lui paraît si malade qu'elle craint, dira-t-elle beaucoup plus tard, de confier ses enfants à sa mère [1].

Quand elle m'annonce sa première grossesse, son discours change du tout au tout. C'est l'analyse maintenant qui l'angoisse : « Suis-je analysable ? Je ne fais plus de rêves. » (Dénégation surprenante, car elle rêve beaucoup, comme on verra plus loin.) « Qu'est-ce que je fais là. Je suis enceinte ? » C'est ainsi, sous la forme de cette question, qu'elle m'a annoncé la nouvelle. Présentée comme elle l'est, là, la grossesse m'a tout l'air d'une résistance.

Peu avant sa grossesse, elle a rêvé qu'elle « engendrait (au lieu d'enjamber) une passerelle dangereuse ». Et peu après, elle rêve qu'elle accouche prématurément d'une fille, alors qu'elle attend un garçon. Il y a la mer très bleue tout près. Mer menaçante, envahissante. Son frère aîné dit : « Il faut fermer la fenêtre, il y a risque de noyage pour le bébé. » Puis on trempe le bébé dans une baignoire; « c'est effrayant ». On se demanderait pourquoi tant d'effroi, s'il ne s'agissait d'un rêve.

Donc, elle rêve; elle fait aussi un peu plus tard un rêve nettement homosexuel. Ce n'est pas le premier. Elle en est tout de même très étonnée. Je ne comprends pas, dit-elle (comme sa mère qui ne comprenait pas, sans doute!). Le rêve est aussi net que court : « J'ai des sensations érotiques avec une petite fille. » A la fin du mois, elle fait un autre rêve qu'elle dit « atroce » : une petite fille

[1]. Elle aura deux filles en cours d'analyse.

à vélo; il y a une course en montagne; elle tombe; d'abord, il n'y a rien puis d'un coup le sang gicle de tous les côtés très très fort; elle est couverte de sang.

L'aménorrhée peut être vue comme une réaction de peur : peur du sang qui coule, de l'inondation, de la mer terrible, de la vague qui submerge, etc.

Le mari est un peu oublié, elle n'a plus très envie de faire l'amour. Les rapports sexuels s'espacent. Il travaille trop; puis, il l'énerve. Enfin il est trop petit. Elle a rêvé un jour qu'il était « plus petit que la normale » et qu'elle allait avoir des enfants anormaux. Elle se sent attirée par d'autres hommes. Elle qui est si morale et même bourgeoise, elle se met à rêver, sans trop vouloir l'avouer, de vie communautaire. Il y a un garçon qui lui plaît, un ami du jeune ménage. Elle se rappelle aussi qu'il y avait un autre garçon dans la course, quand elle a connu Xavier. La grossesse fait d'elle une sorte de femme universelle; femme pour tous, à la limite.

Enfin elle a une nouvelle fois un rêve, et qui rappelle les premiers rêves d'angoisse : une voiture qui suit immédiatement la leur est engloutie par une vague énorme; la mer est menaçante; il y a un *pont* dangereux qu'il faut traverser pour atteindre la maison familiale, qui est sur le lac. Cet été elle a eu une terrible crise d'angoisse parce que son mari était parti pêcher en mer : « J'étais vraiment paniquée », dit-elle. Quand l'enfant ne bouge pas, elle a peur qu'il ne soit mort. Il faut qu'il bouge tout le temps.

Un thème nouveau apparaît : celui du cadeau. « On faisait des cadeaux à ma mère; elle répondait à peine. »

Bien qu'elle ne le dise pas expressément, ces rêves disent pour elle qu'elle redoute l'accouchement comme une vague de fond ou de sang. Pendant les deux ans d'arrêt des règles, Anne-Marie a fait disparaître le signe même de la féminité (alors que le symptôme le plus voyant de Marie Cardinal est l'écoulement sanguin continu, sans périodicité). C'est que, pour Anne-Marie, la femme est coupable. *Sa mère a volé son père à une morte.* Elle a en effet épousé un veuf, qui avait perdu en outre un fils de ce premier lit. Ne pas avoir d'enfant, c'est être punie, me dit Anne-Marie. Mais dès qu'elle a la promesse d'en avoir un, elle est prise de panique. La mort menace. *Anne-Marie balance entre ne pas être femme ou mourir dans le sang parce que la femme est coupable de vol et de meurtre.* Les cadeaux qu'en rêve elle offre à sa mère ont tout l'air de cadeaux propitiatoires offerts à une terrible déesse.

Le retour à la mère nous ramène ici à quelque chose de tout à fait archaïque. Anne-Marie est venue en analyse pour se sauver de sa mère : je suis là; elle n'a plus rien à craindre; du moins le croit-elle, en dépit de ses rêves. Quand elle est enceinte, ce n'est pas à sa mère qu'elle l'annonce d'abord. Pourtant, celle-ci lui a apporté peu de temps avant sa propre grossesse, un enfant : et précisément, sous la forme d'un court délire; elle se croyait enceinte alors que, disait-elle, elle n'avait pas fait l'amour. Anne-Marie a été très secouée par cet événement avant-coureur. Mais enfin « tout cela est fini; c'est moi qui suis enceinte, pas ma mère; et ce n'est pas l'enfant de ma mère, bien qu'elle m'ait demandé de garder l'enfant après la naissance, pour me décharger. Mais je ne le lui confierai pas. D'ailleurs j'aurais bien trop peur ». « Peur de quoi ? » ai-je demandé. « Elle oublie les choses, elle n'est pas bien; je craindrais pour l'enfant. »

Xavier, lui, est très content; il s'occupe de tout. Il rêve chaque nuit du bébé. Il faut ajouter à ce qu'on a dit plus haut qu'Anne-Marie, quant à elle, rêve qu'elle dort sa grossesse; se réveiller, dans l'un de ses rêves, ce serait accoucher. Mais au réveil rêvé, le bébé n'est toujours pas là. Angoisse. Alors elle se réveille et, au réveil proprement dit, elle réalise qu'elle est enceinte et que l'enfant est toujours dans son ventre.

Elle m'a utilisée et elle a utilisé l'analyse pour contourner la difficulté : je suis en quelque sorte le Saint-Esprit et Xavier est saint Joseph. Quant à elle, je ne dirai pas qu'elle est la Sainte-Vierge, car au vrai elle a le sentiment de n'avoir jamais été vierge, de n'avoir jamais eu à être déflorée. Mais surtout son « je n'ai plus peur » témoigne d'un état de dénégation permanent : elle veut dormir. Par mon truchement, c'est avec son père qu'en aînée,

sûre de ses prérogatives (elle est « privilégiée ») et au détriment de sa mère « folle » mais toute-puissante, elle a fait
l'enfant.

II. LA GROSSESSE

Après ce récit — que j'ai fait aussi bref que possible — de la
fable, je vais examiner un certain nombre de points qui me semblent donner matière à réflexion :

1. La conception de l'enfant constitue ici un acting out pendant la cure. L'enfant est mis comme un bouchon, pour clore
la question : si je n'ai pas de règles, suis-je tout de même une
femme ? Il est aussi un moyen de mettre l'analyste au pied du mur :
allez-vous oui ou non intervenir ?

2. Lorsqu'une femme, en cours d'analyse, se trouve enceinte,
on peut dire que l'enfant est imaginairement l'enfant de l'analyste.
« Enfant de l'analyste », c'est une façon de dire, comme on dit
« enfant de l'Œdipe », étant bien entendu que l'Œdipe n'est pas
Œdipe et ne peut pas réellement avoir d'enfant. L'analyste peut
tout; mais ce n'est pas au titre d'engendreur réel qu'il est dit ici
parent. D'ailleurs, il se trouve que je suis une femme. L'analyste
serait-il un homme, la problématique analytique ne serait en rien
changée.

3. Il y a crise d'homosexualité et retour à la mère.

4. L'enfant fantasmé est le pénis volé au géniteur.

5. Il y a change de sexe entre les conjoints, et je joue sur le mot
« change » pour ne pas dire « changement » qui signifierait une
modification réelle (ce dont il n'est évidemment pas question
encore qu'il y en ait quelque apparence, dont les *Mamelles de
Tirésias* sont l'écho). Je dis « change » pour ne pas dire non plus
« échange sexuel » et pour évoquer « donner le change ». Ce change
de sexe fait de la femme un père-mère, elle se virilise. Quant à
l'homme, il devient maternel et se féminise. Il y a pour chacun

identification au sexe de l'autre et ce, pour pallier, ai-je dit, l'échec de l'échange.

6. Tous ces phénomènes se soldent par une forte résistance à l'analyse.

Ce sont six remarques qui vont ordonner les réflexions qui suivent.

La résistance et le passage à l'acte
(points 6 et 1)

Je commencerai par le dernier et le premier points réunis parce que la *résistance* à l'analyse est ce que cette jeune femme et d'autres ont exprimé en clair tout d'abord, dès qu'elles ont été certaines d'être enceintes. « *Je n'ai plus rien à dire... Tout va bien... J'ai envie d'arrêter l'analyse... Et je vous quitterais volontiers sur une gifle* [1]... J'ai peur *de continuer de parler... La grossesse est un domaine réservé...* » Voilà en substance ce que j'ai pu, ici et là, entendre. Mais naturellement l'analyse s'est poursuivie, et les rêves contredisaient les propos tenus délibérément. « Je n'arrête pas de rêver de vous » dit l'une. L'autre veut me faire « témoin » de la naissance de l'enfant. On regrette de partir en vacances parce que, quand l'enfant bougera, je ne serai pas là et l'on ne pourra pas me le dire. C'est à moi qu'on annonce en premier la grossesse, après le mari, mais avant la mère. Même celle qui a peur de faire une grossesse nerveuse, comme une première fois déjà, me met au courant de l'arrêt des règles, non sans trembler d'avoir à avouer sa déconvenue. Anne-Marie rêve que je la prends à bras-le-corps; j'ai une bouteille de liquide rouge à la main, je la persécute.

Une autre déclare plus précisément : « J'avais déjà pas mal fantasmé sur la personne que j'avais vue dans l'entrée et que j'ai pensé être votre fille. Puis j'ai vu votre petit-fils et comme par

---

1. A l'âge de seize ans, Anne-Marie a giflé sa mère; après quoi, elle a quitté la maison.

hasard c'est tout de suite après que nous avons conçu l'enfant. »
Une autre dit : « Vous êtes présente depuis le début de l'analyse...
J'ai tout fait dans l'analyse : mon démariage, l'enfant, mon pro-
chain remariage.. Vous êtes quelqu'un qui me contient et que je
contiens. C'est fondu. Ça fait penser un peu au miroir, mais ça a
un volume. »

La contradiction entre la vivacité du transfert et le désir exprimé
de mettre fin à l'analyse n'est qu'apparente. Si l'analyse s'arrête
en effet, il faut bien que le lien avec l'analyste soit de quelque façon
préservé dans le réel. Quel meilleur moyen que d'en faire *le parent
spirituel?* D'où la forme que prend là le transfert.

Le retour à la mère
(point 3)

Dans ce phénomène de transfert je suis, moi, l'analyste, confon-
due avec le personnage de *la mère* (d'abord).

Dès le début de la grossesse, j'entends des propos comme celui-
ci : « Je pense sans cesse à ma mère. Quelle a pu être sa vie amoureuse? » L'une a fait une grossesse nerveuse *comme* sa mère :
« Et je ne suis née que six ans après » ajoute-t-elle, comme si elle
était déjà là lors de la grossesse nerveuse. L'autre (Anne-Marie)
a fait une aménorrhée de deux ans *comme* sa mère.

Elle a un rêve au début de sa grossesse (cela a été dit) où elle
« éprouve des sensations érotiques avec une petite fille » — rêve
où il est permis de repérer le retour des émois de la fillette avec
sa propre mère —, elle ne comprend pas; elle n'a jamais été homosexuelle; elle n'en a jamais eu l'idée. Une autre dit : « Je ne veux
pas me marier pour me marier. Je veux être une mère mariée pour
ma mère. » Il faut entendre ce *pour*; car la mère est, selon sa fille,
frigide; c'est donc une mère mariée et non une épouse. Anne-
Marie ne peut pas penser à ses parents comme à un couple.
Une autre, homosexuelle celle-là, rêve aussitôt qu'elle fait caca

(ce sont ses termes et elle y tient) avec sa belle-mère et que son mari survient : tout le monde est content.

J'ai gardé pour la fin le souvenir que voici. Il a été retrouvé au deuxième mois de la grossesse d'Anne-Marie, alors qu'elle m'annonçait son remariage et le changement de nom qui s'en suivrait (car elle aussi, comme sa mère, a eu deux maris; mais elle a divorcé la première fois). « Je suis en train de retrouver un souvenir violent... J'avais triché à l'école; j'avais six ans. La maîtresse m'avait fait copier : *Je ne tricherai plus*... J'ai signé la punition du prénom de ma mère. Toute une histoire... Autre chose : je couchais dans une mansarde aménagée. Un jour, sur la porte qui conduisait au palier où il y avait aussi ma chambre, j'ai vu écrit au crayon le nom de ma mère. Je le lui ai dit. Elle m'a dit : " Je ne comprends pas "; mais je suis sûre que c'est vrai. » Il y a en outre tout un roman autour du nom de jeune fille d'Anne-Marie et de mon nom.

Retour à la mère, homosexualité et transfert sont donc fortement articulés.

Pénis volé et changement de sexe
(points 4 et 5)

Les phénomènes dont je viens de parler entraînent un certain éloignement à l'égard du mari... « J'ai été frigide juste après que j'ai cru être enceinte », me déclare Anne-Marie, très tendre jusque-là à l'égard de son époux; et elle avoue qu'il l'énerve; puis il travaille trop, et puis il est trop petit; le père travaillait trop; il était toujours parti et il était petit. Une autre me dit : « Par rapport à mon mari, je suis maintenant très repliée sur moi-même. » Une autre encore rêve qu'elle suce le sexe d'un homosexuel et qu'il lui reste dans la bouche « une peau de poulet ou quelque chose d'approchant »; elle parle aussi de cou d'oie, puis de testicules et de fœtus. Une autre me parle du premier homme qu'elle ait aimé et me déclare qu'elle ne retrouvera jamais un pareil émoi : et il ne s'agit pas du mari, bien sûr!

Bientôt, j'entends parler d'un mari qui voudrait se transformer en sage-femme; qui rêve du bébé toutes les nuits et voudrait le porter; il assiste à toutes les séances d'accouchement sans douleur; il dit même qu'il aimerait « *changer avec sa femme* ». Un homme, dans un groupe de psychodrame, mime la scène d'avortement thérapeutique de sa femme; il dit ne pas s'en remettre; il ne peut plus vouloir d'enfant; c'est comme s'il avait lui-même avorté; il fait une dépression qui dure [1].

« C'est ahurissant ce que je peux rêver de phallus pas à sa place » dit une jeune femme peu de temps avant d'accoucher (phallus pour pénis). Et une autre : « Ma mère m'a offert un pénis détaché de tout corps; pénis et testicules volants. » C'est un rêve que l'analysante avait, dit-elle, oublié.

Tous ces textes disent en somme : que le mari est délaissé; qu'il se sent devenir femme; que la femme se suffit désormais. Que le pénis que la mère frigide avait volé au père est maintenant donné à la fille au détriment du mari. Cela paraît un peu forcé ici, parce que je suis obligée de résumer beaucoup et de laisser tomber beaucoup d'autres textes. Mais la suite, je crois, éclairera ce début.

III. UNE NOUVELLE LECTURE

Si l'enfant est l'enfant de l'analyste, il faut bien qu'il y ait eu un *moment fécond* où il a été conçu. A ce moment-là, l'analyste a dû laisser faire ou passer quelque chose, fût-ce par son silence; j'ai reparcouru mes notes à la recherche du moment fécond.

En fait, j'étais absente lors de la conception, dans le cas d'Anne-Marie. Absente aussi lors de la décision, prise trois mois plus tôt. La conception s'est passée en province loin de Paris, pendant de

---

1. Je renvoie, pour tout ce qui touche à la paternité et aux « psychoses de la paternité », à ce qu'en disent R. Ebtinger et M. Renoux dans le n° 4 des *Lettres de l'École freudienne* et à leurs travaux dont le lecteur trouvera les références dans ce même numéro.

courtes vacances. Quant à la décision, elle est d'autant plus grosse de signification qu'elle a dû être maintenue trois mois, au bout desquels l'enfant a été conçu.

En outre, il s'est passé pour Anne-Marie quelque chose d'important dans le mois qui a précédé cette décision et dans les deux mois qui ont suivi : le couple a hébergé une ravissante amie. Il s'est constitué immédiatement un ménage à trois : dans un premier temps, l'amie préférait la femme du couple (Anne-Marie) qui, de son côté, se disait attirée par elle. L'amie a même d'abord refusé expressément de faire l'amour avec le mari, déclarant qu'à tout prendre elle préférerait Anne-Marie. Mais Anne-Marie ne s'est pas décidée et ce qui devait arriver arriva. L'amie et le mari font donc l'amour dans le lit conjugal et Anne-Marie, couchée près d'eux, s'endort. Il fallait bien, dit-elle de Xavier, qu'il « fasse ses armes ». Ce qui signifierait qu'elle ne le considérait pas encore tout à fait comme un homme.

A l'entendre, il me revient qu'elle a, un jour, fait un rêve très similaire quant à la situation. « Elle était couchée avec son père et sa mère qui n'arrivaient pas à faire l'amour; et elle mettait ses mains entre les cuisses de sa mère. Son père alors s'effaçait. » Au récit de ce rêve, elle avait ajouté : « Ils auraient dû divorcer avant que je naisse », puis, dans la même séance : « Je ne comprends pas comment 2 et 2 font 4 »; puis « le couple était entre ma mère et moi ». Qui donc était *entre* le couple qu'elle aurait aimé former avec son amie?

Dans un autre rêve de la même série, elle apprenait à un jeune garçon de quatorze ans, qui est en thérapie avec elle, à faire l'amour. Elle le tenait sur ses genoux, dans ses bras.

Si nous revenons au trio, il y avait deux solutions possibles. La première, à laquelle on pouvait s'attendre, était que se constitue un couple homosexuel auprès d'un mari complaisant. La deuxième, que s'organise un ménage à trois où le mari ferait l'amour avec l'amie devant sa femme. C'était sans doute l'espoir du mari. Mais Anne-Marie s'est endormie. Elle a voulu en effet aider son mari, auprès de qui elle a une attitude maternelle, comme elle l'a avec son jeune patient. D'ailleurs, elle décrit son mari comme un garçon d'aspect juvénile. Son premier mari, était lui aussi, plus petit qu'elle, et malade, et même drogué.

Quand elle n'est pas maternelle, Anne-Marie devient homme : je suis homme avec les femmes, dit-elle, et femme avec les hommes. C'est une manière de dire. Elle n'aurait de chance de se sentir femme qu'avec les hommes noirs, grands et barbus (elle en connaît un certain nombre, qui l'attirent toujours), mais alors il ne se passe rien parce qu'elle se sent petite fille. Ce qui résulte de tout cela, c'est qu'entre *petite fille* et *mère/père*, il n'y a *plus de place pour la femme*. D'où vient qu'Anne-Marie m'a dit aussi n'avoir pas eu de « révélateur pour parler de son père » : ce sont ses propres mots; on peut penser que cette femme, ce révélateur, je ne l'ai pas été.

Ce signifiant-là, je ne le lui ai pas fourni. Jusque-là, m'a-t-elle dit à la même époque, je vous ai considérée comme un censeur [1] puis ça a changé. En effet, l'analyste est devenue la mère « qu'on fait morte », si l'on commet certaines choses « énormes ». « A tort ou à raison, me dit-elle encore, j'ai le sentiment que vous ne seriez pas d'accord si je me droguais ou si j'entrais dans une communauté sexuelle. Et que ce serait faire ma mère morte et vous aussi. Et ça je peux pas. »

Ce qui fait que je me trouve avoir choisi avec elle la voie dite normale et avoir écarté les choix « énormes ». J'ai également opposé une fin de non-recevoir à son transfert homosexuel. Elle me rappelle, à l'occasion, que je ne l'ai jamais appelée par son prénom, ce qui lui aurait pourtant fait bien plaisir; mais elle ne regrette pas que j'aie été froide, et maintenant elle déclare s'en féliciter. Le tournant a été évidemment l'aventure avec l'amie en tiers. *Ne sachant plus — en bonne hystérique — si elle était homme ou femme, elle a choisi de se forcer à être femme en faisant un enfant.* Ainsi la question, pensait-elle, ne se posait plus. Le père était évidemment homme, et Anne-Marie évidemment femme. C'est ce que j'appelle *donner le change*.

---

1. On se rappelle que son père est censeur de lycée.

Elle avait parlé aussi de « provoquer des trucs pour comprendre » et de « se mettre au pied du mur ». Tout cela trahit l'acting out.

Pour me résumer : Anne-Marie a décidé de faire un enfant pour ne pas avoir à se déclarer homosexuelle et pour se faire devenir femme sans passer par l'homme. Je veux dire que ce n'est pas la rencontre sexuelle qui a décidé du sexe, ni qui l'a confirmé; ce dont elle aurait eu pourtant besoin, puisqu'elle se vit comme « pas tout à fait femme ». Il y a quelque chose qui ne s'est pas passé et qui aurait été la révélation de sa féminité sans doute; et elle dit : « Je n'ai pas de révélateur pour parler du père. » Elle ne sait absolument pas que ce qui lui manque, c'est de pouvoir parler de la femme, en femme, tellement le manque est manque. C'est du moins ce que j'avance, et qui fait peut-être problème.

En tout cas, l'accouchement, avant qu'elle ne soit enceinte, était fantasmé avec terreur comme une hémorragie. Je ne crois pas qu'on puisse dire qu'elle le redoutait et l'espérait comme la défloration non advenue en son temps, puisqu'elle déclarait n'avoir jamais été vierge — encore que, pourquoi pas ? —, mais plutôt comme l'expulsion de quelque chose qu'elle avait en elle et qui en sortant la viderait. J'émets l'hypothèse, étant donné le contexte, que c'était le pénis : le pénis contre le vide, un bouchon pour empêcher le corps de se vider.

Dès les entretiens préliminaires, elle m'avait dit qu'elle s'occupait d'enfants et qu'elle voulait devenir analyste. Elle m'avait même demandé des assurances, que je ne lui avais naturellement pas données. J'aurais dû faire plus et analyser à l'occasion un parallèle qui s'est avéré évident par la suite, à savoir :

— vouloir parler et ne pas pouvoir,
— vouloir écrire et ne pas pouvoir,
— vouloir être analyste et ne pas pouvoir,

parce que l'analyste ne le veut pas; parce que la mère ne le veut pas. Et je traduis maintenant :

— vouloir être femme et ne pas pouvoir.

Je ne le lui permets pas moi non plus, sans doute. Je ne le rends pas possible; et ce que je ne lui donne pas, elle le prend de force, en faisant un enfant qu'elle m'apporte. Elle dit aussi que je l'ai bloquée. Je l'ai donc acculée à l'acting out. En outre, elle a imaginé que si elle se révélait folle, je ne la laisserais pas devenir analyste. Curieuse issue d'une analyse commencée sous le signe de la santé. Il s'agissait seulement pour Anne-Marie de devenir analyste, les symptômes n'étant mis en avant, manifestement, que pour étayer la demande.

Si l'enfant a été conçu loin de moi, sans doute est-ce pour me mettre devant le fait accompli. Mais il n'y a rien d'irrémédiable, en l'occurrence. L'analyse continue.

IV. UN PARADIGME

Elle a donc fait un enfant parce qu'elle ne savait pas être femme autrement; et elle l'a fait, au moment même où elle avait d'autres choix : l'homosexualité et les débordements communautaires d'une part; d'autre part, l'ordre que je représentais : l'ordre, et non la femme.

D'ailleurs l'enfant a été non seulement voulu mais programmé; nous avions tout le temps, au cours de ces trois mois d'attente forcée, d'amorcer un autre discours. Mais non, l'enfant est conçu; puis il m'est annoncé; offert. Je me confonds avec la mère retrouvée. Le mari se féminise. Elle, elle devient mère, non pas femme. L'enfant sera le faux garant du sexe respectif de chacun et le symbole de leur union.

Mais il bouche ainsi l'accès au symbolique, puisque celui-ci ne peut se faire, précisément, que par la rencontre de l'autre, dont l'autre sexe est un mode. Nous retrouvons là quelque chose de ce que Eliane Amado Levy Valensi dit : à savoir que l'homme, dans le couple chrétien, est castré; la femme, magnifiée en tant que mère; l'enfant, sacralisé en tant que symbole, au détriment du couple. La femme se donne ainsi le pénis sous les espèces de l'enfant sans avoir à faire valoir sa demande de pénis comme telle. L'union, c'est elle qui la fait et à son profit, par une sorte de détournement.

Il ne s'agit pas pour moi de défaire l'enfant après l'avoir laissé faire. D'ailleurs après un temps d'arrêt où l'analysante faisait sur le divan la planche avec satisfaction, le travail a repris et ne paraît pas gêné maintenant par l'autre travail, celui de la grossesse. De temps à autre l'analysante s'endort à nouveau conformément au rêve rapporté plus haut. Elle se réjouit de ce qu'elle n'a plus son symptôme majeur, l'angoisse de mort. C'est que l'enfant a bien fonctionné comme bouchon. Mais l'euphorie (qui m'a fait penser à la femme enceinte de Faulkner [1]) ne dure pas. L'inquiétude et l'analyse reprennent. Anne-Marie réfléchit. Elle revient avec moi sur le moment de la décision et de la conception pour voir ce qui s'y est passé.

En guise de conclusion, je propose la suite généalogique fictive que voici :

— *Mère* : immortelle déesse et toute-puissante, folle.
— *Père* : non pas fou, mais malade, atteint, menacé de mort.
— *Leur fille analysante* : s'occupe d'enfants — Usurpation.
— *Le mari* : petit et mince ou jeune ou handicapé sexuellement.
— *L'autre homme* : puissant et barbu, que l'analysante ne rencontre jamais, pour la bonne raison qu'elle en a peur.
— *L'analyste* : femme (ou/et homme).
— *Leur enfant* : l'enfant de qui ?

Cette suite a valeur de paradigme, bien que toutes les femmes enceintes n'aient pas une mère folle, un père malade et un mari petit au sens propre des termes. Mais de quelque façon, on peut dire qu'ils le sont (folle, malade, barbu et petit). Toutes les petites filles des écoles primaires chantent une ronde très significative à ce propos :

> « Ma mère m'a donné un mari
> Mon Dieu quel homme, quel petit homme !
> Ma mère m'a donné un mari
> Mon Dieu quel homme, qu'il est petit ! »

---

1. In *Lumière d'Août*.

Le mari est donc de quelque façon petit, ce n'est pas un grand homme ; le paradigme n'est qu'apparemment outré. Sans doute les attributs pourraient-ils s'y distribuer autrement : mais alors tout l'ensemble bougerait. L'enfant reste en tout cas la dernière mise. Peut-on parler plus durement que Goethe de l'enfant pourtant légitime et conçu dans l'amour ? Qu'on se rappelle ce qu'il en dit dans les *Affinités électives* : « Laisse-moi, dit-il à son nouvel amour, Odile, jeter un voile sur cette heure fatale qui donna l'être à cet enfant... Pourquoi ne la prononcerait-on pas, la dure parole : cet enfant est le fruit d'un double adultère... » En effet, ils étaient quatre quand il fut conçu et non plus deux.

On connaît l'histoire des quatre partenaires des *Affinités électives* et la loi chimique réglant leurs échanges : si l'on met en présence de A et B un autre couple tout aussi uni, C et D, il se produit fatalement un chassé-croisé tel que A s'unit à C ; et B à D. S'il y a sur ces entrefaites naissance d'un enfant, de qui est l'enfant ?

Édouard, le mari de Charlotte, n'est ni malade ni petit, mais il a déjà un certain âge et le mariage ne fut pas une union d'amour. Le capitaine, puisque capitaine, est nécessairement l'amant « barbu » et puissant. La jeune Odile tient assez bien la place de la ravissante amie du couple Anne-Marie-Xavier. Et le capitaine est l'ami d'Édouard, tout comme l'un des hommes puissants (analyste ou amant) qui subjuguent Anne-Marie, a été et reste l'ami et l'idéal de son mari.

L'enfant que Charlotte met au monde, après qu'elle-même et son mari pourtant aient renoncé respectivement à leur passion pour le capitaine et pour Odile (mais ne pourrait-on parler aussi de l'amour de Charlotte pour Odile et d'Édouard pour le capitaine ?) ressemble physiquement à la fois à Odile et au capitaine. « C'est le fruit d'un double adultère moral », écrit Jeanne Ancelet-Hustache [1], après Goethe.

L'épilogue est tragique : Odile laisse tomber l'enfant dans le lac et se laisse mourir de faim elle-même. Édouard se suicide.

---

1. Jeanne Ancelet-Hustache, *Goethe par lui-même*, Éditions du Seuil, coll. « Écrivains de toujours ».

En analyse, l'enfant dit de l'analyste n'est que le fruit du transfert non le fruit d'un inceste moral; pourvu du moins que l'analyste ait su marquer dans le transfert, que son propre désir n'était pas un désir d'enfant : c'est à cette condition que l'enfant sera dégagé de toute aliénation transférentielle.

CHAPITRE II

Grossesse et féminité

A partir de ce cas, un travail théorique peut s'amorcer autour des points suivants :

1. la grossesse comme crise narcissique (relation d'objet pendant la grossesse et après);

2. le démontage, à la grossesse, de l'image spéculaire machinée lors du stade du miroir, et ses différentes issues;

3. l'issue symbolique : de deux à trois;

4. le change de sexe pour pallier l'échec de l'échange et l'impossible du rapport sexuel;

5. et pourtant, la femme parle (commentaire d'un schéma de J. Lacan);

6. bref, elle passe de la partition imaginaire à la castration symbolique. Comment?

I. LA GROSSESSE COMME CRISE NARCISSIQUE

La grossesse et l'accouchement sont, comme le coït ou la défécation, des phénomènes fondamentalement animaux. Freud le dit avec insistance : « L'excrément est intimement lié au sexuel. » Et aussi : « Les organes génitaux eux-mêmes n'ont pas participé au développement du corps humain vers la beauté... » Ce qui est une autre manière de dire, et une manière de dire quelque chose de plus.

« Ils sont restés animaux », ajoute Freud; et aussi « l'amour dans son fond est resté tout aussi animal qu'il l'a toujours été ». La grossesse également. Si « l'animal est dans le monde comme l'eau dans l'eau », selon la merveilleuse formulation de Georges Bataille, où donc intervient la *coupure* de l'animal à l'homme? Où se fait la séparation? Qu'en est-il de l'homme *et* de la femme dans le monde? C'est une question que nous aurons à reprendre [1]. Il est indifférent de se demander si la femme est plus ou moins animale que l'homme. Pour les femmes bovaryennes, l'homme c'est la bête; et il y a le conte *la Belle et la Bête*. Mais beaucoup d'hommes ont horreur des femmes : de la femelle.

L'un et l'autre sexe sont complices pourtant pour magnifier un groupe de phénomènes : le coït, la grossesse et l'accouchement réunis sous le nom d'enfantement. Ils en ont même fait des religions. Tandis qu'il n'est pas question de magnifier la défécation, sauf à rendre méconnaissable le produit sous les espèces de l'or et de l'argent; encore a-t-il fallu Freud pour que s'établisse l'équation : fèces=argent=pénis. L'oralité reçoit quelques jolies transpositions; la défécation n'est susceptible que d'exploitation perverse. Par contre, on fait passer de force l'enfantement dans le registre du sublime. On ne supporte pas l'animalité quant à la mère et l'enfant. Et sans doute l'avortement, provoqué ou pas, est-il rejet de ce quelque chose de non encore sexué ni nommé; rejet, autrement dit, d'un innommable, d'un non symbolisable [2].

Le souci que la femme a toujours eu de sa beauté — ce qui contrarie, à en croire Gide dans *Corydon*, les lois naturelles selon lesquelles le mâle est plus paré que la femelle —, est à coup sûr un déni farouche de son animalité. La pudeur est une autre forme de ce déni, un masque [3]...

1. Cf. la séparation ci-dessous, p. 85.
2. Cf. la thèse de Philippe Lamy, séminaire « Féminité, grossesse, sexualité », thèse présentée par B. This, 1975-1976.
Cf. également la communication de Paul Mathis au congrès de Strasbourg (mars 1976) intervenu entre la rédaction de ce texte et sa publication et où il est dit : « Il semble probable que ce n'est qu'à partir du symbolique que l'enfant peut vivre. »
3. Cf. chapitre VI, « Beauté ».

Certes, les femmes ne s'avouent pas volontiers animales.

Les Précieuses n'aimaient pas le naturel, ni — déjà! — ne l'aimaient les femmes des premiers chrétiens, dont saint Jérôme dit qu' « elles parlent entre leurs dents ou avec le bord de leurs lèvres en chuchotant et en ne prononçant les mots qu'à moitié parce qu'elles regardent comme grossier tout ce qui est naturel ». « Ces femmes-là, ajoute-t-il, corrompent même le langage [1]. » Elles ne veulent pas appeler un chat un chat. Elles ne veulent pas nommer. La nomenclature est le fait des hommes. Le langage n'a pas chez les femmes cette divine fonction; et ce ne serait pas dommage, quand même il s'en trouverait corrompu, si elles n'en venaient du coup à l'utiliser à toutes sortes d'autres fins (dont le camouflage), au même titre que le fard, la parure, les colifichets et autres masques nécessaires à l'économie féminine.

Or, à l'épreuve de la grossesse, la beauté en tant qu'idole se brise. Que se passe-t-il alors pour la femme? Va-t-elle supporter de voir ce que le masque cachait?

Freud fournit la réponse dans son analyse du narcissisme [2], bien qu'il n'y soit pas question de la femme enceinte. Car celle-ci fait pendant sa grossesse une crise narcissique, accompagnée de tous les dangers de régression et de déséquilibre que le narcissisme comporte. On observe pendant la séquence de la grossesse et de l'accouchement les mêmes phases que celles relevées par Freud, à savoir :

1. Un retrait de la libido (qui allait auparavant vers le mari) et un reflux de cette libido vers le moi imaginaire;

2. Un délire paranoïde des grandeurs, la femme se vivant comme le créateur;

3. Une retombée de ce délire après l'accouchement, provoquée par une stase de la libido, elle-même consécutive à l'échec du délire. La dépression s'installe à la place du délire;

4. Un autre délire assorti de désir de meurtre peut alors se

---

1. Saint Jérôme, « Lettre à Eustochium », cité par Haveloch Ellis in L'*Éducation sexuelle*.

2. Freud, « Pour introduire le narcissisme », in *La Vie sexuelle*, PUF, 1969, p. 81.

déclarer, comme alternative à la dépression. L'enfant réel est refusé [1].

« Dans l'élaboration de la libido qui est retournée dans le moi, écrit Freud, c'est peut-être seulement après l'échec du délire narcissique que la stase de la libido dans le moi devient pathogène. »

Certes, la femme enceinte n'est pas malade, sauf exceptions ou névroses dont je ne traite pas spécialement ici. Elle est même en général florissante, surtout au cours des derniers mois, quand l'enfant bouge; car il devient alors un parfait alibi : il continue à nourrir le délire de la mère, comme une partie d'elle-même qui serait venue compléter son moi imaginaire, *et* il est déjà réel, puisqu'il bouge.

Bref, tout réel, tout vivant qu'il soit, il n'en continue pas moins à fonctionner comme un objet imaginaire venu combler un très ancien désir. Il fonctionne proprement comme bouchon et supprime l'angoisse. La femme est pleine; elle est même pleine à « *éclater* ». Des fantasmes d'éclatement viennent alors troubler ce bel équilibre. Mais c'est seulement au moment de la naissance — quand l'enfant réel prend à l'extérieur la place qu'il occupait à l'intérieur — que l'écart entre l'objet imaginaire et l'objet réel ouvre son inquiétant hiatus. Non que l'enfant soit mieux ou moins bien que l'enfant rêvé. Ni même qu'il soit fille ou garçon ou l'inverse; il est seulement d'un autre registre : il est réel.

Ce réel-là, qui n'est plus assimilable, se donne à proprement parler comme monstre : comme chose séparée se montrant effrayante dans son altérité et son agressivité, alors qu'elle était encore naguère « immanente » à la mère; nous empruntons ce dernier terme à Georges Bataille [2] : non qu'il lui appartienne en propre; mais Georges Bataille lui donne une portée qui, ici, nous intéresse : « A la fin, écrit-il, nous apercevons chaque apparition — sujet

---

1. « Réel » est pris ici dans l'acception qu'il a dans le langage commun, où il s'oppose à l'imaginaire, d'une part et d'autre part en référence à Freud, chez qui il s'oppose en tant qu'objet à l'objet narcissique. Son emploi est donc conventionnel et non philosophique.

2. Georges Bataille, *Théorie de la religion*, Gallimard, coll. « Idées », 1973.

(nous-mêmes) animal, esprit, monde — en même temps du dedans et du dehors, à la fois comme continuité par rapport à nous-mêmes et comme objet. » L'enfant est par excellence cet objet qui n'est plus ni dedans ni dehors et qui fait de la mère un dehors, un objet pour elle-même. La séparation est intervenue et c'en est fait de l'immanence; l'enfant n'est plus comme de l'eau dans l'eau. Il est bel et bien *mis au monde*, dans le monde, et de là il menace à ce point l'équilibre de l'accouchée qu'il déclenche, dans les meilleurs cas, de légères dépressions et, dans les pires, des psychoses puerpérales assorties de désir de meurtre.

Reprenons l'analyse de Freud; selon lui, la femme est essentiellement narcissique et peu portée vers l'amour d'objet : « Elle s'aime intensément, dit-il, et elle se suffit. » Elle se suffit particulièrement quand elle est enceinte. Certaines femmes ne se sentent bien qu'enceintes.

Freud reconnaît toutefois que pour la femme, l'enfant est un objet réel. « Il y a deux objets sexuels ordinaires pour l'humain : lui-même et la femme qui lui donne les soins... » « La femme semble s'en tenir à l'amour narcissique de soi. Toutefois, même pour les femmes narcissiques qui restent froides envers l'homme, il est une voie qui les mène au plein amour d'objet : dans l'enfant qu'elles mettent au monde, c'est une partie de leur propre corps qui se présente à elles, comme un corps étranger auquel elles pensent maintenant, en partant du narcissisme, vouer le plein amour d'objet. »

Il reste pourtant que l'enfant en tant qu'il est donné imaginairement par une fille à sa mère, ne peut constituer ce plein amour d'objet. Défaut d'objectivation qui est une des causes de l'avortement [1]. Et comme, à un moment ou à un autre, l'enfant reste l'innommable, il n'y a pas de femme enceinte qui échappe tout à fait à la menace d'un avortement. Quand le fœtus est-il reconnu comme enfant par la femme enceinte? De là sans doute la sévérité de Freud à l'égard de l'amour parental qu'on voudrait sublime et

1. Cf. la thèse de Philippe Lamy, déjà citée.

qu'il qualifie d'enfantin, même s'il reconnaît, répétons-le, que l'enfant ouvre aux femmes une voie d'accès possible au réel.

Elles ont un autre accès au réel, quand « le désir de pénis se change en désir de l'homme, en tant qu'appendice du pénis ». (L'homme appendice du pénis! Les féministes ne parlent pas autrement.) Au demeurant, cette double voie n'est double qu'en théorie, parce qu'il y a équivalence et substitution possible entre les trois termes : fèces, pénis et enfant. « Dans le désir d'enfant se rencontrent alors une motion érotique anale et une motion génitale », laquelle est l'envie de pénis [1].

L'aventure narcissique de la grossesse — le mythe en a été trouvé par Hoffmansthal dans *la Femme sans ombre* [2]. *Die Frau ohne schatten* est contemporaine des œuvres de maturité de Freud (1919). Ce *ohne schatten* m'a rappelé le *schattenhaft* (qui a la consistance de l'ombre) qui se trouve être le mot choisi par Freud pour décrire ce que la femme a d'inanalysable. « Tout ce qui touche, écrit Freud, au domaine de ce premier lien à la mère, m'a paru si difficile à saisir analytiquement, si blanchi par les ans, *schattenhaft*, à peine capable de revivre, comme soumis à un refoulement inexorable [3] ... Or, il semble que ce soit de ce lien que la femme ne peut se déprendre.

Qu'est-ce que cette « femme sans ombre » ? Une femme qui ne peut avoir d'enfant parce qu'elle n'a pas d'ombre. Elle est l'épouse d'un bel empereur qui ne fait que chasser : c'est ainsi, toujours chassant, qu'il a eu en elle sa plus belle proie : la fille du dieu Keikobad, invisible et immortel.

Mais ce dieu a aimé une simple mortelle, le temps d'être, grâce à elle, fait père : elle n'apparaît absolument pas dans l'histoire et, n'apparaissant pas, elle laisse un « blanc » où se noue précisément le drame. L'impératrice, fille du dieu, est donc aussi fille d'une

1. Freud, « Sur les transpositions de pulsions », in *Métapsychologie*, 1917.
2. Je dois la traduction de *la Femme sans ombre* à l'obligeance de Danièle Casanova.
3. Freud, *op. cit.*

mère bien humaine, dont elle tient ce désir d'enfanter, impossible à satisfaire. Sans doute eût-il fallu que le lien maternel demeurât vivant, pour que l'impératrice pût à son tour enfanter. Mais à la place de sa mère terrestre, elle n'a qu'une ténébreuse nourrice.

Déjà s'entrevoit le sens de la disparité du couple parental : père omniprésent, mère absente : pour enfanter, une femme doit être fille d'une mère terrestre et pas seulement d'un père-dieu. Si elle veut enfanter à tout prix — si on veut qu'elle enfante à tout prix —, force lui est d'aller voler une ombre de femme terrestre, l'ombre de sa mère, hors de la demeure céleste de son père. C'est ainsi, du moins, que j'interprète le mythe, à travers ce que nous en a transmis Hoffmansthal.

Cette ombre perdue, souvenir du « continent noir », dirait peut-être Freud, l'impératrice ne peut trouver à la remplacer que sur terre, parmi les humains ; ce pour quoi les offices de la nourrice sont indispensables. Elle se charge donc du noir dessein de la procurer à l'impératrice ; noir, puisqu'il s'agit de proposer à une mortelle un troc frauduleux : l'ombre contre la parure, l'ombre étant la denrée précieuse ; et la parure, pure illusion. La nourrice, âme damnée de l'impératrice, comme l'Œnone de Phèdre, prend sur elle la faute, par amour de cette fille pour qui elle a été une sorte de mère, grâce à l'effacement d'une autre femme.

Il y a donc trois étages dans le monde d'Hoffmansthal, comme dans le monde de Giraudoux dont les personnages divins aiment tant, eux aussi, revenir sur terre. Mais cette tripartition est vraie sans doute de tout univers mythique où se retrouvent les trois plans : celui du dieu, Keikobad ; celui des héros, l'empereur et l'impératrice ; et celui des humains : le teinturier Barak et sa femme. Ce qui me retient, chez Giraudoux comme chez Hoffmansthal, c'est que ces trois plans reproduisent assez exactement le schéma familial imaginaire que j'ai établi plus haut, et selon lequel la femme enceinte est grosse d'au moins trois mâles :

1. un dieu, grand ancêtre ou héros familial ;
2. un mari petit, gentil et castré ;
3. un amant noir, puissant et barbu = la Bête.

Toutes ces épithètes sont bien sûr purement « morales », malgré leur apparente précision physique. Il suffit pour s'en convaincre de voir comment se fait le choix, dans les psychodrames — choix toujours déconcertant tellement est grand l'écart entre la description qui a été faite du conjoint et la personne choisie pour tenir sa place.

Par ce jeu du triple engendreur, la femme rend en tout cas la monnaie de sa pièce à l'homme qui, comme dit Lacan, prend toutes les femmes une à une, pour tenter d'avoir *la Femme* (et aucune ne l'est) [1].

Pour en revenir au mythe d'Hoffmansthal, son impératrice a le cœur bien trop pur pour se prêter au troc ourdi par la nourrice. En refusant le marché, elle s'oppose également à une autre volonté mauvaise : celle de son père, le dieu immortel, qui se sert de la ténébreuse nourrice, quitte, si elle échoue, à la laisser périr. Keikobad veut lui aussi que sa fille enfante, en effet. Ce n'est pas pour rien qu'il est allé autrefois chercher une mortelle. Ce mythe est l'envers de celui de Prométhée ou de celui d'Icare : ce n'est pas l'homme qui veut voler le feu divin, ou simplement voler, c'est Dieu qui veut voler une ombre mortelle. C'est l'impératrice sa fille qui veut descendre, tomber (enceinte), prendre du poids, de l'épaisseur. Quoi qu'il en soit, Keikobad punira le couple si sa fille n'enfante pas, en transformant son chasseur de mari en pierre (pour le coup, le poids l'emportera!). Cette histoire d'enfantement ne peut en effet finir. Aucun enfantement ne se conçoit s'il ne s'inscrit dans une chaîne infinie d'enfantements. Si sa fille n'a pas d'enfant, c'est en vain que lui, le dieu, a une fille : il retourne à son néant de dieu immortel.

Le conte, lui, a une fin. La femme de Barak, non contente de

---

1. Il y a un quatrième (quand la femme est en analyse), qui est susceptible d'être l'un ou l'autre des trois mâles, et la mère de l'analysante par-dessus le marché : c'est le psychanalyste. C'est pourquoi nous avions avancé que l'enfant de la femme enceinte en analyse est toujours l'enfant de l'analyste.

Freud déclare, quant à lui, que le mari vient toujours en second dans le cœur d'une femme, après le père. Aussi va-t-elle chercher un suppléant ailleurs que chez son époux.

se parer des faux bijoux qui la paient de sa trahison, tente de séduire un prince de pacotille, et Barak la prend sur le fait. Son honneur d'homme étant en jeu, il se transforme alors en lion superbe et généreux, brandit son glaive contre sa femme. Il semble que du coup elle ait la révélation du « vrai » pénis de son époux, enfin brandi dans le symbole. Elle tombe à genoux devant lui et implore son pardon.

L'impératrice, voyant l'ombre lui échapper (cette ombre dont elle répugnait à s'emparer par un troc), y renonce alors tout à fait et ne songe plus qu'à aller délivrer son mari prisonnier. Elle remonte vers les hautes demeures supplier son père. Keikobad reste inflexible et pour cause : si sa fille n'a pas d'enfant, lui-même n'aura jamais de descendance. Plus inflexible encore que lui (tel père, telle fille), elle prononce un « Je ne veux pas » qui ôte au père terrible sa puissance. L'époux reprend vie au même instant : il bouge. Et l'impératrice fait miraculeusement ombre; on entend alors le chœur des enfants à naître.

La leçon toute morale — et romantique — de l'histoire est aisée à tirer : l'amour est plus fort que la mort. Mais le sens du mythe est ailleurs. Il nous dit que seule la femme qui possède une ombre peut enfanter; que si sa propre mère a disparu (comme la mère humaine de l'impératrice) et ne peut donc lui transmettre cette ombre, elle a encore la possibilité d'aller en voler une; que cette solution, toutefois, a des conséquences fâcheuses et qu'il ne reste alors à la femme qui veut enfanter qu'à tuer symboliquement son père-dieu en reconnaissant la virilité limitée et toute humaine de son mari [1].

Ce mythe nous dit aussi que la femme ne peut donner à son enfant le seul *nom* de son propre père, et que le désir du père (que sa fille ait un enfant) ne suffit pas à la rendre féconde. La fille doit donc dire non au père. Quant à voler une ombre, cela n'est pas possible, bien qu'il y ait des ombres à revendre parmi les humaines

---

1. Otto Rank donne une interprétation toute différente de ce conte (*Don Juan et le Double,* Petite Bibliothèque, Payot, 1973).

« folles de leur corps ». Il ne reste donc à la femme qu'à dire : oui à un homme, après avoir dit non à son père; et l'on pourrait traduire autrement...

Mais encore : qu'est-ce que cette ombre? A prendre la chose au pied de la lettre, l'ombre du corps, son obscurité. Il est épais et lourd; il ne se laisse pas traverser par la lumière. Et pas davantage le corps de la femme, sans doute. Le corps est pareillement dense, ou pareillement vide. Mais pour l'homme, la question ne se pose pas de se doubler ou de se dédoubler; et, si le corps humain est un sac, de faire qu'il ne soit plus vide. Le jeu du vide et du plein, est au contraire au centre de l'imaginaire féminin. La femme a un bon moyen de remplir le vide : c'est de grossir ou de devenir grosse. « Iõ lourde », tel est le titre plein d'humour qu'un écrivain a donné à un récit écrit en l'honneur de sa femme enceinte.

Lourde, c'est ainsi que se veut la Girafe, dont je reparlerai; de grosses chaussures de montagne pourraient à la rigueur l'alourdir assez... Ce déplacement serait humoristique si l'humour pouvait être involontaire. Il dispense la Girafe (à bon compte) d'affronter une grossesse et d'exiger du mari, pour l'instant stérile, de se faire traiter. Qui croirait qu'une pareille ficelle fait son office?

Elle ne le fait pas tout à fait et la Girafe n'est pas tout à fait sûre de ne pas être responsable de la stérilité du couple. Or, si elle avait un enfant, elle deviendrait femme. Elle est dans une impasse. D'autant qu'elle ne peut grossir puisqu'elle est anorexique, comme l'Ellen West de Biswanger [1] qui disait : « Quelque chose se révolte en moi à l'idée de devenir grosse. » Ce que Biswanger interprétait comme la peur de devenir enceinte. Manger, grossir, être engrossée; et nourrir, être nourrie sont les termes d'une pulsion orale tout à fait transitiviste.

Si le mari guérit un jour et la met ainsi en demeure de prouver sa féminité, la Girafe se sentira « acculée ». Mais il ne guérit pas, et même il grossit et lui donne ainsi le sentiment qu'il se féminise. « J'ai l'impression que je touche ma mère », dit-elle. La Girafe est

1. Biswanger, *The Case of Ellen West*, Éditions Existence, Basic Books, New York.

semblable à la fois à l'épouse bovaryenne de Tarak et à l'impératrice. Elle voudrait peser plus mais sans grossir; être star mais également mère.

Quand elle ne parle plus de poids, elle parle de mesure. Elle ne veut pas avoir d'enfant, dit-elle, pour ne pas « courir le risque de gagner deux ou trois centimètres de tour de taille ». Il est clair qu'avec ces deux ou trois centimètres supplémentaires, elle se perdrait comme identique à elle-même. Elle ne supporte pas l'idée de voir s'altérer, devenir autre, son image. Elle ne s'y reconnaîtrait plus et cesserait donc d'être. La Girafe, comme toutes les femmes à vocation de vedette ou de star (c'est l'image rayonnante de l'impératrice), fait le rêve de devenir une forme indestructible et de tuer la bête : rêve de beauté narcissique.

Mais l'image est inconsistante : il n'y a rien dedans. C'est le double lumineux, opposé à l'ombre; le corps glorieux de l'impératrice avant la conception. Une fois cassée l'image spéculaire, et par-delà, il est possible pour la fille de retrouver le double obscur, le corps de la mère; et d'enfanter à son tour. Accepter l'ombre, c'est donc renoncer à la beauté et accepter, avec le changement et la mort, la sexualité.

II. L'IMAGE SPÉCULAIRE ET LA GROSSESSE

L'image dont on vient de parler n'est autre que l'image spéculaire construite lors du stade du miroir. Or, peut-être n'y a-t-il pas eu alors, pour la femme « jubilation», parce qu'il n'y a pas eu chez elle seulement « assomption » ou construction à partir de l'image « orthopédique », mais, au contraire, *captation*. La fille entre dans le miroir et n'en sort plus. Au contraire, de ce qu'il advient pour le garçon, ce moi idéal que sa mère voit, c'est elle. Quand se récupérera-t-elle? A la venue du prince charmant? Nous ne pensons pas que le prince charmant ait le pouvoir de la réveiller de son rêve. Il y faut autre chose, et quelqu'un d'autre.

La femme enceinte est déformée. Mais l'altération de son image, altération réelle, ne suffirait pas encore à désenchanter la femme et à la faire passer dans le réel, si elle n'était capable, pour quelque autre raison, de renoncer à son moi idéal. Or, elle s'en dessaisit allègrement et imprudemment parce que, pleine, comblée et momentanément sans angoisse, elle pense pouvoir se le permettre. Elle pense avoir enfin quelque chose comme le pénis en elle : son désir d'homme est satisfait. C'est Tolstoï qui parle, dans *la Sonate à Kreutzer*, de ces jeunes filles russes que les mères fignolent comme des pièges à mari et qui, à leur première grossesse, renoncent subitement, complètement, définitivement à toute séduction. Le miroir aux alouettes (l'alouette étant l'homme) n'a plus son utilité et l'image non plus.

Lors de son entrée dans le miroir — dans l'image spéculaire —, la fille oublie d'un coup ses premiers émois du stade dit anal oral, et même d'un stade encore plus archaïque peut-être. En entrant dans le miroir, elle laisse, elle abandonne ce qu'elle était, comme une autre peau. C'est sans doute de cet oubli, sans refoulement, que parle Michèle Montrelay [1]. Mais il faut bien insister sur ce fait que cette perte, c'est celle du sujet qui aurait pu advenir — une perte qui se produit au profit du moi-idéal imaginaire. La castration étant ainsi évitée, un balancement s'instaure entre la mort du sujet et l'existence imaginaire, ne laissant d'autre issue que l'alternative mystique au niveau de l'être : faussement mystique du reste, car la femme ne balance qu'entre l'être illusoire du miroir et le non-être du miroir cassé.

Si donc la grossesse est une crise narcissique qui aboutit à un pseudo-délire et à une dépression, ce n'est pas seulement que le moi idéal, l'image spéculaire s'altère massivement, mettant à rude épreuve la narcisse qui se veut la même, immuable et hors du temps (perdant d'ailleurs aussi bien la possibilité d' « arrêter » ce temps, comme elle dit). C'est surtout que, désangoissée, elle peut se permettre de laisser resurgir le refoulé, ou plutôt l'oublié

---

1. Michèle Montrelay, « Recherches sur la féminité », in *Critique*, juillet 1970, p. 278.

d'avant le stade du miroir. Surgissement favorisé par un retour de la toute première identification à la mère, si l'on peut employer le mot d'identification pour définir ce lien archaïque.

A la place du double lumineux qu'est l'image spéculaire, s'installe l'ombre, le double obscur maternel. Le sujet laisse alors le miroir se ternir, se plomber. *Le masque de la grossesse*, ces taches brunes qui couvrent le front et parfois tout le visage de la femme enceinte, ne serait rien d'autre. A la faveur de ce masque, derrière le voile, s'opère la mutation. La femme devient autre; la fille qu'elle était devient mère. Ceci, c'est le sens métaphorique du masque de grossesse.

« Je dors ma grossesse », nous disait-on. De même, une héroïne de Faulkner dormait, titubait sur la route, au bout de laquelle elle savait qu'elle mettrait un enfant au monde et dormirait quant à elle de son dernier sommeil. Qui enfante alors? Ce n'est certes pas *Je*. Décider de faire un enfant est un leurre tout à fait conforme à l'idéologie de la Femme nouvelle; mais l'enfant n'est pas le produit d'une décision; même quand il y a eu décision. L'enfant qui naît n'est jamais (sans jeu de mots) l'enfant qui avait été décidé. Il n'y a aucune commune mesure entre les deux ordres de la décision et de l'enfantement.

S'il arrive que la femme dorme sa grossesse, la naissance de l'enfant en tout cas la réveille, et parfois trop brutalement : alors, elle préfère le délire au réveil.

Réveillée, elle l'a été une première fois déjà. Je voudrais, ici, repérer cette première fois toujours mythique, puisqu'il n'y a pas de commencement absolu; c'est un moment important de la vie de la fille : la puberté. Il s'y produit, avec l'apparition des règles, quelque chose comme un brusque passage à l'état de femme. La fille n'est plus le reflet de la mère; elle n'est plus *comme* la mère. Brusquement c'est la mère qui devient *comme* elle-même, la fille, une femme; une *femme* réelle. Elle la ressent pour la première fois dans sa réalité de femme, toute proche dans sa chair, soumise aux mêmes lois organiques. La fille connaît alors sa mère qui lui devient intouchable. C'est un fait général d'observation clinique et d'observation tout à fait ordinaire : « Brusquement un soir où nous faisions notre promenade habituelle, je n'ai pas pu lui donner le bras... » « Au retour de la pension je n'ai pas pu l'embrasser et depuis je ne l'ai plus jamais embrassée... » « Je n'ai pas pu la toucher; pourtant elle ne me répugnait pas, non... [1] »

Ce qui se passe là, n'est pas de l'ordre de la répulsion, de la jalousie. Il s'agit d'horreur sacrée. Le vide qui s'ensuit est tel que la fille n'a d'autre recours que l'homosexualité, c'est-à-dire une autre femme mais permise; ou bien son père. Dans les deux cas il y a changement d'objet. L'amour pour le père peut d'ailleurs se combiner avec l'homosexualité; mais il peut aussi en avoir raison. Et si l'amour du père l'emporte, il peut soit, après échec, amener la fille à aimer un autre homme, soit s'installer et déclencher une crise mystique. En tout cas l'amour homosexuel est susceptible de fournir le relais nécessaire après la cassure et de permettre à la fille, aussi bien, d'aimer des hommes.

C'est ce qu'exprimait clairement une analysante : Du jour où elle avait osé toucher, à la faveur d'un voyage en un lointain pays de langue différente, « le sein assez gros d'une femme », au cours d'une relation homosexuelle tout à fait déclarée, elle avait pu — et sitôt après — « être une femme pour les hommes ». Elle avait bien dit « toucher ». C'est de toucher qu'il s'agissait; non de lait. Or l'étrangère n'était pas sa mère et c'est en tant qu'étrangère qu'elle avait permis à la jeune femme d'établir le contact.

Tout à fait fondé nous paraît donc le propos de Phyllis Chesler [2] qui veut réconcilier la femme avec la femme et fait passer le bonheur du couple hétérosexuel par l'homosexualité féminine et même l'inceste mère-fille. Réconcilier la femme avec la femme : c'était trop de détestation à la fin que la femme se réservait à

1. Cf. aussi Mary Barnes, *Voyage à travers la folie*, qui dit vouloir aimer, adorer sa mère et ne pas pouvoir l'approcher, traduction de Mireille Davidovici, Éditions du Seuil, 1973.
2. Phyllis Chesler, *Les Femmes et la Folie*, Payot, 1975.

elle-même, en effet! Mais encore faut-il reconnaître sous cette démission du regard propre, au bénéfice du regard de l'autre, une irréductible soumission : soumission à une loi qui gouverne la relation intersubjective elle-même. Quant à la politisation du problème, nous ne saurions y souscrire, ni suivre Phyllis Chesler quand elle va jusqu'à prévoir et préparer un temps où « le mythe et la réalité du sacrifice de la femme (et de l'homme) cesseront peut-être... » Ce temps devant advenir « lorsque cessera la reproduction intra-utérine ou lorsque cette fonction ne sera plus assignée à l'un des deux sexes ». La note, avec sa connotation marxiste, montre le bout de l'oreille de Phyllis Chesler : « Ce qui adviendra, ajoute-t-elle en effet avec une belle assurance, quand les femmes pourront contrôler les moyens de production et de reproduction. »

Quand les relais manquent, la passion narcissique maintient l'adolescente dans un climat suicidaire, souvent méconnu, voire nié par les proches mais dont on peut dire qu'il n'est jamais absent chez la jeune fille. A quoi d'autre en effet pourrait la conduire son long sommeil de Narcisse?

La cassure pubertaire, donc, est décisive et renvoie la fille vers son habituel recours : le père sauveur, pendant le même temps où le fils se bat contre ce père. Toutefois, cette cassure est déjà la répétition d'une cassure antérieure, celle qui avait précipité la fille dans le miroir; à charge pour le père, en cette occasion aussi, de la délivrer de ce charme dévorant. Mais si l'on voit bien en vertu de quel mécanisme la fille passe de la mère au père, on voit moins bien comment lui vient l'envie du pénis.

Il semblerait qu'elle désire comme l'Autre absolu, celui qui n'est pas sa mère ni elle-même; il occupe pour elle le pôle opposé. Mais l'opposition est déjà d'ordre symbolique, puisque la fille a au moins deux cartes dans son jeu et qu'elle en joue. Par ailleurs le père est celui vers qui la mère aussi se tourne, celui dont cette mère a besoin pour trouver sa jouissance. Il est donc celui qui a la puissance. Si d'aventure la fille aperçoit un pénis — fait en soi contingent —, celui-ci devient le signe du phallus. Elle peut dès lors, elle aussi, se représenter le phallus, tout comme fait le garçon, au moyen du pénis; à la différence près, toutefois, qu'elle ne possède pas l'organe comme une partie d'elle-même. Elle a seulement un clitoris; elle espère alors un « vrai pénis » et l'attend du père. Elle l'attend comme un don. Bien évidemment il ne lui sera jamais fait. Si le pénis du garçon est promis à un développement satisfaisant, il n'en est pas de même du clitoris. Nous avons bien trouvé dans un ouvrage très spécial la description de clitoris extraordinairement développés chez des homosexuelles appartenant à une secte d'une ardeur quasi religieuse et dont la particularité, dit-on, consistait en ceci que « la partie du sexe qu'on dénomme clitoris grossit tellement qu'elles peuvent s'en servir comme d'un priape dans l'acte d'amour [1] »; mais l'important dans ce texte, est le mot *comme*.

Je pense au souvenir-écran (ou fantasme, je ne sais trop) d'une analysante, persuadée que dans sa toute petite enfance son père lui avait rapporté un cadeau [2] dont elle ne comprenait pas la destination : l'objet se trouvant être un dessous de plat en faïence bleue. Que pouvait faire un petit enfant d'un dessous de plat ? C'eût été un don absurde. Pourtant, trente ans plus tard, elle s'interrogeait encore. Par la suite, ce dessous de plat avait servi en famille; bel et bien en famille; à sa mère peut-être. Le père étant mort à la guerre quand l'enfant avait trois ou quatre ans, le dessous de plat bleu était resté tel quel dans son souvenir, accompagné d'une énorme déception. Cette même analysante, que nous appellerons Philiberte (φ + berte ou perte) était sensible au contact du pénis de l'homme turgescent sous l'étoffe rugueuse de la braguette, mais ne pouvait toucher ni voir un sexe de chair, surtout non tendu; elle était très sensible également au contact d'un sein de femme un peu dur. Il est clair qu'elle était inconsolable du don qui ne lui avait pas été fait — d'un objet phallique paternel dont le sein pourrait plus tard faire office, mais dont elle exigeait en tout cas qu'il ne devint jamais mou.

1. *La Secte des Anandrynes*, Éditions G. Briffaut, Paris, 1952.
2. « La femme ne peut aimer l'individu qui ne sait pas faire de cadeau », déclare Gina Lombroso, in *L'Ame de la femme*, Payot, 1924.

Ce don du père, le phallus, la femme l'attend donc jusqu'à sa lointaine grossesse. Où l'on voit que l'enfant ne peut être dit le produit des désirs sexuels de ses parents (bien qu'il soit la conséquence du coït) et qu'on ne passe pas si facilement de deux (deux parties ou deux êtres ?) à trois.

III. DE DEUX A TROIS

La même analysante qui disait ne pas savoir comment 2 et 2 font 4, Anne-Marie, reconnaît, beaucoup plus tard dans son analyse, avoir avec son mari un rapport de « gémellité ». Elle parle souvent de monstre double, minotaure, centaure, sphinx, frères siamois, pour en venir à sa phobie des serpents qui sont pour elle des animaux à deux bouts équivalents : sexe/bouche. Dans un rêve, elle fait l'amour avec Xavier sexe à bouche et bouche à sexe, ou bouche à bouche et sexe à sexe. Dans un très ancien rêve déjà, une infirmière lui ôtait un morceau de chair à l'endroit du sexe, et le lui greffait à la bouche.

Philiberte, elle, couple spontanément les personnes par deux; non qu'elle les confonde effectivement. Mais si elle n'en voit qu'une à la fois dans la rue ou dans un autre lieu public indifférent, elle ne sait plus laquelle des deux se trouve là inopinément devant elle. Un trait négligeable suffit à brouiller la piste : des lunettes, une barbe, la taille; ou même une circonstance fortuite qui a associé à jamais dans son esprit les deux personnes. Philiberte n'est pas dupe de cette « gémellisation » spontanée. Elle en rit à l'occasion, et rétablit aisément chacun dans son identité respective... quitte à refaire la même erreur sitôt après. De même, elle fond les deux notes d'un accord musical en un son unique. Elle était fort dépitée, à l'école, de rater ses dictées musicales dès qu'un accord intervenait dans une mélodie. Échec dont personne ne comprenait la raison, ni le professeur, ni ses camarades, ni elle-

même tant était grande sa réputation d'infaillibilité en cette matière ;
ne disait-on pas qu'elle avait « l'oreille absolue »? « Je suis une
malade de l'accord parfait », conclut-elle. Philiberte a trouvé en
son frère, à peine plus âgé qu'elle, un double aussi parfait que
l'accord et dont elle est prisonnière.

Elle n'a pas le privilège de ce symptôme arithmétique. Anne-
Marie me raconte ainsi un rêve : « Encore le chiffre 2 : 2 cavaliers,
un rouge et un gris ; tout le problème était de passer *entre* les deux
sans se faire renverser et en évitant le coup de pied. » C'est la
même qui disait ne pas savoir « se situer *entre* un couple [1] ». Un
jour elle déclara : « J'ai trente ans ; dans trente ans, j'en aurai
soixante », d'un ton qui montrait toute l'importance qu'elle
accordait à cette découverte.

Sans doute faut-il que la femme soit double, pour se dédoubler
ensuite dans l'enfantement. C'est le système des poupées russes,
l'une contenant l'autre dans les deux sens de la grandeur et de la
petitesse.

Une femme abandonnée par sa mère à la naissance a parfois
le plus grand mal à accepter la maternité. C'est le cas de la romancière Irène Monesi [2] qui s'avoue sans honte vraie tueuse d'enfant
et qui écrit de terribles romans pour détruire toute maternité à
jamais.

Les deux corps, le corps et son double, sont aussi bien le corps
de la femme grosse et le fœtus que le corps de la mère de la femme
grosse et le sien propre. La grossesse ramène massivement le
souvenir du premier couple et avec lui cette libido archaïque dite
« concentrique [3] », par opposition à phallocentrique. D'où ce
foisonnement, cette prolifération de fantasmes pendant la grossesse,
vécue dans une sorte de sommeil ou de léthargie. Si bien que la
grossesse peut être comparée à une longue cure de sommeil ou à
une cure de rêve éveillé où enfin l'oublié referait surface. La
femme peut, alors, dans une sorte de répétition où elle se confond

1. Cf. chapitre 1, « La fable du sang ».
2. Irène Monesi, *Nature morte devant la fenêtre*, Mercure de France, 1966.
3. Cf. B. Grunberger, cité par Michèle Montrelay dans l'article déjà mentionné.

avec sa propre mère, se représenter ce qu'elle a perdu. Au moment d'accoucher, elle appelle souvent sa mère, qu'elle rejoint enfin, par-delà ce que j'ai appelé la cassure pubertaire.

Mais la répétition peut être sans issue. Compromise par l'échec du délire de toute-puissance maternelle au moment de l'accouchement, l'entrée dans le réel ne réussit qu'à condition que l'enfant soit reconnu; c'est-à-dire si la femme, au lieu que l'aspire le gouffre laissé béant par la perte ancienne de sa mère et actuellement par la mise au monde de l'enfant, accepte cette perte et « jouit de la nouvelle représentation qu'elle en a [1] ». L'accouchement est alors exactement l'inverse de l'avortement, tel que le processus en a été décrit. Dans le cas contraire, l'enfant n'arrive pas à exister pour sa mère : l'un tue l'autre [2].

Dans sa difficulté à entrer dans le registre symbolique, défini par la position du tiers, la femme en vient à désirer la mort du nouveau-venu, cet étranger; ou celle du mari; elle tâche de se maintenir ainsi dans le registre du double. Il arrive que le mari, jaloux de l'enfant, désire aussi le tuer. Ce désir de meurtre est farouchement nié dans l'expression culturelle de toutes les sociétés; mais il suffit de voir les cimetières d'enfants qui couvrent la colline de Carthage pour constater que certaines sociétés ont pu camoufler le meurtre du premier-né, du moins, dans un rite. Le premier-né était sans doute l'enfant dû à la divinité, en paiement de la dette. Mais le rite religieux recouvre peut-être un simple désir de meurtre inavouable. A moins qu'il ne le sanctifie et permette ainsi aux meurtriers de vivre leur meurtre.

Les analysantes disent ce désir-là de façon patente : « C'est lui ou moi »; « s'il naît, je meurs »; « je vais être détruite »; « il se nourrit de mon sang »; « il me dévore »; « j'ai peur de mourir; on dit qu'on sauve la mère ». Après la naissance, la mère se sent

1. Cf. Michèle Montrelay, *op. cit.*
2. « Le meurtre de l'enfant », in *Scilicet* 4.

49

« complètement bouffée ». « L'enfant tète et m'épuise. » « La nuit, il m'empêche de dormir. » La mère rêve qu'elle le perd, qu'elle l'oublie. Dans la journée, elle a le sentiment de « perdre sa vie ». L'une d'entre elles raconte que depuis la naissance de son fils (qui a treize mois), elle rêve au moins trois fois par semaine qu'il se trouve entre ses deux parents, dans le lit, et qu'il étouffe.

C'est vrai à la lettre que l'enfant tue ses parents, et vice versa. Il n'y a pas ambivalence dans le sentiment, mais contradiction entre l'*amour*, Eros, qui veut l'un et hait l'autre, et le *désir* qui est désir de l'Autre. La contradiction se vit au niveau de l'être : il y a impossibilité radicale, contradiction fondamentale, à vivre amour et désir. Et cela que l'homme vit dans l'amour de la femme, elle le vit ou le meurt avec l'enfant, qui sait fort bien qu'il ne lui reste plus qu'à sauver sa peau.

Pour faire surgir un 1 de ce continuum mère-enfant, pour passer de 2 à 3, il faut que le 1 en plus brise le continuum et s'enclenche dans la chaîne, un peu comme un mot nouveau entre dans une langue pourtant complète. Et pour cela, il faut bien qu'intervienne — ou il a bien fallu qu'intervînt — un autre facteur. Et certes ce mot de facteur peut être pris à la lettre.

Il n'est pas vrai qu'il y avait dans le monde, avant que l'enfant y vînt, une place vide qu'il n'aurait plus qu'à remplir : sinon, bien évidemment, la place qu'y creuse le désir. Mais celle-ci reste béante et le monde est troué après comme avant. Quant à sa place, l'enfant se la fera violemment. Pour constater qu'il ne l'a pas, il suffit d'observer un aîné dilaté dans un espace familial imaginairement aménagé pour lui, quand le second enfant vient faire basculer l'édifice. Ce second enfant, l'aîné veut l'effacer, un point c'est tout. Il ne veut pas qu'il existe. Comme le second s'obstine à vivre, c'est la guerre. Aucune éducation n'est jamais parvenue à effacer cette rivalité. Pourtant chacun se fait sa place, qui n'est pas celle prévue. Pour cela, le père a son mot à dire. Mais dans un premier temps, hors jeu, sans rien trouver à dire ni à faire, il va se réfugier, pour intervenir tout de même, dans une identification à l'autre sexe.

IV. LE CHANGE DE SEXE

Mon hypothèse essentielle était et reste en effet le *change de sexe*. Je me suis déjà expliquée sur cette expression. Elle est tout à fait étrangère au conte de Hoffmansthal, bien trop idéaliste. Repartons de Freud : « Dans le désir d'enfant se rencontrent une motion érotique anale et une motion génitale (l'envie de pénis). »

Comme l'expliquait clairement Anne-Marie, effectivement, l'accouchement est expulsion et, si jouissance il y a, elle contrarie la jouissance vaginale, car « le vagin avale ». « Pour moi, ajoutait-elle, il a fallu m'expliquer l'expulsion dans les séances d'accouchement sans douleur. »

Pour elle, l'expulsion c'était l'expulsion anale; et d'ailleurs, peu avant d'accoucher, elle a rêvé qu'elle déféquait tranquillement gentiment, aux côtés de sa belle-mère, sur un balcon. « La jouissance, je l'ai eue par hasard, quand j'ai eu envie de faire pipi et que je me suis retenue; jouissance clitoridienne. » « Mais ça se passe à l'extérieur; le vagin, ça se passe à l'intérieur; mais les filles du MLF disent que c'est pour faire plaisir aux hommes... Le pénis de l'homme entre, alors que moi je sens plutôt la jouissance comme pousser dehors. Mais je ne savais pas pousser dans le vagin. »

En tout cas, faire un enfant, c'est « pousser », et cela provoque parfois une jouissance. Une jouissance qui est le contraire, donc, de la jouissance vaginale. L'enfant est vécu et se vit, ainsi qu'il apparaît plus tard, comme un boudin fécal; mais aussi comme un pénis qui sort à l'extérieur, et qui se sépare. Une analysante parlait du moment où elle a senti la tête de l'enfant coincée entre ses cuisses comme un sexe, de l'illusion forte qu'elle a eue alors de posséder un pénis.

Symétriquement, Ferenczi écrit : « Lorsque l'accroissement de la tension accumulée dans l'organe génital (viril) propulse le gland... on peut dire en quelque sorte qu'il l'accouche. »

Il y a donc une équivalence possible : acte sexuel mâle = accouchement féminin, avec substitution réciproque, la femme jouissant comme l'homme et l'homme comme la femme. Mais une femme qui accouche et sent comme un pénis entre ses jambes, le sent aussi qui se détache, nécessairement. Peut-on dire qu'elle jouit de la division? L'homme, lui, ne perd pas son pénis. Ce à quoi il s'attache, pour s'en détacher, outre la mère (et en cela, fille et garçon sont logés à la même enseigne), c'est le sein. Le pénis n'est pas pour lui un objet partiel perdu. Il l'a, et il a peur de le perdre : c'est le stade phallique, avec la castration qui lui permet précisément de symboliser la perte réelle de la mère, qu'il a refoulée, et, au-delà, une autre perte catastrophique, irrémédiable, sans contenu. La fille a certes un clitoris, mais il fait d'elle un être impuissant, incapable de pénétrer une femme.

Il lui en reste cette « protestation virile », qui passe dans les symptômes et se trouve symbolisée névrotiquement. La Girafe, qui voudrait bien se pénétrer elle-même, rêve fréquemment qu'elle perd ses cheveux ou ses dents, ou quelquefois les deux. Cette perte peut aussi bien être perte de la mère que perte d'un pénis, dont le clitoris est le modèle réduit, et le père, le modèle majoré. Il y a là refoulement et symbolisation mais symbolisation qui à ce niveau est fondée sur l'identification. Ce pénis qu'elle n'a pas là où il faudrait, la Girafe le porte honteusement sous la forme du *cou*, que ses longs cheveux cachent fort heureusement. Si elle entend ou croit entendre le mot *girafe* dans sa classe car elle est professeur, ce cou rougit violemment [1]. Elle ne supporte pas son cou dénudé; mais elle ne peut supporter non plus ni col, ni écharpe, ni attouchement, ni accolade.

---

1. La séance dont il est rendu compte ici, date d'il y a deux ans; depuis la mère de la Girafe est morte. Quelques jours après la mort de sa mère la Girafe m'a raconté ce rêve : « Je touche la tête de ma mère; la tête se détache : il faut la remettre. Il y a un collier rouge autour du cou. » La partie détachable ici, c'est la tête.

« Je ne suis pas une femme », dit-elle. Pourtant elle a un flair très sûr pour déceler l'homme dont elle a peur. Celui que son mari n'est pas. Actuellement, ce personnage effrayant est incarné par un professeur d'espagnol très « chahuteur ». Peut-on dire qu'en l'absence d'un signifiant, que ni son père, ni son mari ne peuvent lui révéler, n'étant pas « chahuteurs », elle délire quand un homme réel la met en face de ce dont la prive la forclusion, parce que cet homme réel entérine la forclusion, comme la rencontre du Dr Fleschig a fait délirer le président Schreber [1]?

Ce serait dire que « la » femme est psychotique. Mais structure et pathologie ne sont pas homologues. En outre, si elle est psychotique, elle n'est pas pour autant paranoïaque, mais bien plutôt sujette à la dépression, voire à la mélancolie.

La Girafe, donc, épouse un homme stérile — qui se trouve être stérile — et le couple n'a pas d'enfant. La boucle est bien bouclée. « Si j'avais un enfant, dit-elle, je deviendrais femme. » Or... Donc...

La femme enceinte a quelque chose en elle, enfin! qui la complète, comme une part d'elle-même. Mais cette part, elle la perdra. Avant de l'avoir, elle errait comme une âme en peine, la cherchant; après l'accouchement, c'est déjà fini : elle ne l'a plus. L'image pleine, parfaite, sur laquelle avait reflué sa libido, s'effrite. Le délire de toute-puissance retombe; un désir de meurtre (meurtre de l'enfant), parfois, le remplace. Dans les cas ordinaires, s'observe cette stase de la libido dont parle Freud. Il n'y a plus d'objet parce qu'il n'y a plus d'image. Cet enfant qu'on dit qu'elle a, elle ne l'a pas. C'est une faillite patente qui l'expose à « une mutilation... qui s'inscrira dans l'être le long des lignes de fragilisation du corps morcelé », comme disent Granoff et Périer dans leurs « Recherches sur la féminité [2]. » En cet instant, la femme

1. Cf. Daniel Paul Schreber, *Mémoires d'un névropathe*, traduit de l'allemand par Nicole Sels et Paul Duquenne, Éditions du Seuil, 1975.
2. *La Psychanalyse*, PUF, vol. 7.

ne l'*a* plus et elle n'*est* rien. Après la toute-puissance, l'annihilation. Le nouveau venu, l'enfant, est irrémédiablement l'Autre. Le mari, devenu entre-temps une mère, souvent malade dans ces moments dramatiques peut peu. Les rapports sexuels interrompus depuis un certain temps ne sont pas repris aussitôt. La nouvelle mère parle de « crainte », de « répugnance », ou tout simplement d'absence de désir; et le nouveau père n'est pas toujours aussi pressé qu'il le dit de faire l'amour avec cette amante devenue mère. Elle se retrouve donc séparée de son mari dans le même temps qu'elle est confrontée au vide : « Crise dépressive par carence symbolique », comme le dit Brigitte Chardin[1], sauf intervention venue à propos, quand la mère est en analyse. Mais « si l'élaboration du transfert ne permet pas de dépasser son aspect de résistance vers son aspect interprétatif du désir de l'Autre, le sujet reste pris dans une position conflictuelle ».

Parmi les issues possibles Brigitte Chardin note :

— l'arrêt de la cure ou le souhait de suspension;
— l'avortement;
— l'accouchement maîtrisé et compétitif.

Plus la grossesse et l'accouchement ont été « formidables », plus les relevailles sont difficiles. Le mot de « compétitif » qui est celui qu'emploie Brigitte Chardin, pour caractériser ces exploits, est tout à fait approprié. L'accouchée a le plus souvent suivi une sorte d'entraînement, à savoir les séances d'accouchement sans douleur. Elle parle beaucoup de ses muscles abdominaux et de son souffle.

L'une d'elles, revenue après son accouchement, en a fait ce typique compte rendu : « Accouchement merveilleux comme une prouesse sportive. Souvenir extraordinaire... » etc.; puis : « Réveil abominable; flots de sang... crises de larmes... cauchemar... mari malade chez sa propre mère et donc absent... » Et puis : « C'est une fille; j'attendais un garçon. »

---

1. Brigitte Chardin, « Problèmes de la grossesse pendant la cure », in *Le Coq héron*, n⁰ 36, bulletin du Centre E. Marcel, 39, rue Grenetta, Paris.

Il arrive que le mari, lui, en tout cas, ne se relève pas de l'épreuve. Il reste féminisé. C'est que dans le couple, l'enfant remplace le mari qui, ne servant plus à rien, se sent rejeté, à moins qu'il ne s'en tienne au rôle de nourrice sèche, et ne prenne alors auprès de sa femme la place de sa mère. Ne pouvant plus avoir l'Autre (la Femme), il l'est devenu en effet. Il s'est féminisé autant que faire se peut. Sa manière à lui d'être femme, sa manière à lui d'engendrer, c'est de *porter l'enfant*[1], non dans son ventre bien sûr, encore qu'il s'y passe souvent des choses, mais à l'extérieur, sur son dos, ou dans ses bras. C'est l'homme porte-enfant, tels le héros de Michel Tournier, saint Christophe (Christophore), et tous les pédérastes antiques ou modernes.

Se féminisant, l'homme trouve en cette circonstance sa seule chance d'accéder à la figure, comme dit Ph. Lacoue-Labarthe commentant Hegel[2] : « On ne peut pas dire de la figure masculine qu'elle soit, au sens le plus rigoureux, une figure. La masculinité se figure mal ou ne se figure à la limite, qu'en se féminisant. » Nous reviendrons sur cet argument à propos de la beauté de la femme.

Et pendant ce temps, la femme est devenue homme par vocation; car si l'objet de son amour et de son identification, ç'a toujours été le père, ce père elle l'est devenue elle-même paradoxalement pendant la grossesse. Elle devient en somme hommosexuelle pour reprendre l'orthographe de J. Lacan. Le change de sexe est consommé.

Le détournement de la libido vers l'enfant — qui peut aller, avec la bénédiction générale, jusqu'à l'érotomanie, au détriment du mari et des relations sexuelles — est l'aboutissement du vieux rêve féminin de plénitude, de complétude : elle est homme puisqu'elle a le phallus (l'enfant) et elle est femme puisqu'elle est mère. Elle est donc *tout*, sinon toute, pour reprendre une fois de plus l'expression de J. Lacan. Et, comme on dit : la maternité l'a transformée !

1. Michel Tournier, *Vendredi ou les Limbes du Pacifique* et *Le Roi des Aulnes*, Gallimard, 1967 et 1970.
2. Ph. Lacoue-Labarthe, « L'imprésentable », in *Poétique*, n⁰ 21, 1975.

En somme, à peine sortie de son narcissisme d'enfant et d'adolescente quand elle réussit à investir l'homme, la femme fait une nouvelle crise aiguë de narcissisme pendant la grossesse. Après quoi, deux voies se présentent à elle pour retrouver le réel : l'homme et l'enfant. La voie qui mène à l'enfant reste toutefois fortement narcissique et perpétue comme telle la relation mère-enfant. L'autre voie, celle qui passe par l'homme, la croise. Il arrive qu'une femme ait sa première jouissance vaginale après son premier ou même son deuxième accouchement. C'est du moins une vieille croyance populaire que l'enfantement guérit la femme frigide. Qu'en est-il de cette jouissance enfin venue ? Elle signifie peut-être que l'échec du narcissisme lors de l'accouchement, a été suivi d'effet. S'il est vrai, comme l'écrivent Granoff et Périer, que « tout amour porte en lui la castration », l'amour maternel aussi. Et la femme, comme tout être parlant, ne peut trouver la jouissance qu'en passant pas la castration et le langage. Il nous a semblé que la femme s'invente un chemin propre en suivant cette double voie, souvent difficile et contradictoire puisque l'amante ne peut être mère, ni la mère amante.

Quand elle refuse la castration et prétend être tout, la femme évidemment devient folle. Quand elle n'est pas tout, elle court encore le risque d'être double.

Michèle Montrelay dit qu'elle s'aime dans son corps, comme si ce corps était le corps d'une autre. Effectivement, la Girafe, par exemple, rêve qu'elle est un homme et qu'elle fait l'amour avec elle-même. Mais c'est à peine un rêve, car elle dit aussi bien — et n'importe quelle femme, pensons-nous, pourrait le dire — qu'elle voudrait bien être un homme « pour sentir ce qu'il sent quand il fait l'amour avec elle/femme ». Paraphrasant la *Jeune Parque* de Valéry, telle que la commente J. Lacan, nous dirions qu'elle se sentait se sentir. Lacan ajoute : « Le " Je me voyais me voir " a son sens plein quand il s'agit de la féminité. Mais nous n'en sommes point arrivés là. » C'était en 1964 [1].

---

1. J. Lacan, *Le Séminaire*, livre XI, *Les Quatre Concepts fondamentaux de la psychanalyse*, Éditions du Seuil, 1973, p. 79.

Pour se sentir, pourquoi a-t-elle besoin de se servir du sexe de l'homme, précisément de celui de l'homme? Et de quel emploi s'agit-il?

La Girafe fait fréquemment l'amour en rêve, bien qu'elle couche dans le même lit que son mari et qu'ils aient des rapports sexuels très fréquents. En somme, elle fait l'amour toute seule, d'une manière ou d'une autre, et nous dirions qu'elle se masturbe si ce terme pouvait avoir un sens quand il s'agit d'une femme.

Nous avons fait de la grossesse et de l'accouchement quelque chose d'équivalent pour la femme à l'acte sexuel pour l'homme. Dans cette affaire, il est bien évident que le malentendu continue. L'homme cherche dans la femme l'Autre; mais il ne trouve que l'objet (*a*), cause de son désir. Il retrouve surtout sa mère, l'acte sexuel réveillant chez lui une libido archaïque, antérieure à la sexualisation et à la différence des sexes. Il y perd son sexe. La femme, elle, cherche dans l'homme et l'acte sexuel le phallus paternel tout-puissant; et elle ne trouve qu'un pénis, soumis à l'échec, sujet du moins à la détumescence. Pour préserver le phallus paternel, elle se replie alors sur la fonction maternelle et devient elle-même phallique. C'est le processus même du change. Elle n'est plus castrée, si elle l'a jamais été!

V. LA FEMME COMME ÊTRE PARLANT

Mais alors que vaut sa parole? Dirons-nous que la femme est muette ou qu'elle ne parle que pour faire du bruit? Non, il ne peut y avoir deux races d'humains. L'homme et la femme sont des êtres parlants. Et J. Lacan, dans un de ses schémas [1], part de l'être parlant avant de faire un sort aux hommes et aux femmes. Il est vrai que la femme semble échapper à la castration *symbolique*. Elle connaît plus naturellement la privation *réelle*, qu'elle compense

---

1. J. Lacan, *Le Séminaire*, livre XX, *Encore*, Éditions du Seuil, 1975, p. 73.

par un désir et un fantasme de totalité. Nous nous rencontrons ici avec Michèle Montrelay selon qui « la femme ignore le refoulement ». Mais ceci est vrai — et elle le dit aussi précisément — de *la* femme, non d'*une* femme, qui est toujours aussi un peu homme.

La femme a un clitoris qui, nous l'avons dit, peut faire d'elle un homme (si castré) et lui permet du moins de s'identifier à un homme. La bisexualité du fœtus jusqu'à la huitième semaine fait de la différence des sexes un phénomène de différenciation : ils restent donc *capables* l'un de l'autre, déniant par là le travail d'appropriation subjective (signifiante) du sexe. Selon que l'on regarde d'un côté ou de l'autre — et c'est donc une question de point de vue simplement — si la femme est entière, le quelque chose chez l'homme est en plus; si l'homme est entier, c'est la femme qui a quelque chose en moins. On peut dire que la différenciation s'opère par un quelque chose en moins ou quelque chose en plus. Mais il s'agit toujours de la même chose, qui ne cesse de se demander, de se donner et de se perdre, toujours fallacieusement, sans réaliser jamais l'échange.

Là où le décalage s'instaure irrémédiablement, c'est quand le quelque chose en plus s'incarne *dans l'organe sexuel masculin, qui permet à l'homme de mettre symboliquement en jeu une partie seulement de lui-même,* tandis que la femme continue à balancer *tout entière* entre son double et le néant, refusant la castration symbolique.

La privation réelle d'une part d'elle-même — l'enfant — redevient frustration imaginaire, quand elle réveille la perte de cette autre part d'elle-même, sa mère, à partir d'un fantasme de totalité. Or, dans cette oscillation de l'imaginaire au réel, le *symbolique* précisément peut s'instaurer, nous l'avons vu, à la faveur de la levée du refoulement archaïque avec l'enfantement d'une part, et à la faveur de la rencontre de l'homme dans le coït, d'autre part. La femme peut choisir l'une ou l'autre voie ou l'une et l'autre voie. Mais les deux sont utiles. Car d'un côté, jouissant de l'homme comme de l'Autre — du père —, elle devient aisément hystérique si elle n'a pas d'enfant. Et de l'autre côté, si elle n'est que mère, elle ne sort pas de son narcissisme et reste parapsychotique parce qu'elle manque l'Autre. Si elle n'a pas connu et aimé son père réel, elle est en danger de ne jamais connaître l'orgasme; et si elle n'a pas su qu'elle aimait sa mère, elle court le danger de ne pouvoir enfanter.

L'homme — *n'était son désir de participer à la création comme* une femme — serait, est, davantage autonome. Il a tout loisir de jouer avec l'objet (*a*). La femme a moins de marge et moins d'humour. Mais elle peut aussi dire à l'homme : « Tu causes, tu causes... » Il répond, il est vrai : « Tu me castres et tu me casses les pieds. »

C'est pourtant la femme, l'être mythique incarnant pour l'homme l'Autre, qu'il interroge, comme le lieu de la vérité, source de la vie et origine, qu'elle n'est évidemment pas. Il l'interroge, comme Dante Béatrice; Socrate Diotime; et Œdipe la Sphynge.

Quand elle répond, c'est en Pythie, en sorcière, en voyante, en mystique. Elle dit ce que les voix lui disent. Elle ne parle pas en son nom propre. Peut-être n'est-elle pas sujet. Gardienne des tombeaux, depuis Antigone on le sait, elle se tient aux portes de la vie et de la mort; et, de là, elle entend quelque chose.

Dirons-nous que *ça* parle peut-être, mais qu'*elle* ne parle pas? Non pas. Ce serait trop merveilleux. Ce qui est vrai, c'est que, dénoncée comme sujet qu'elle ne serait pas, s'offrant à l'évidence comme leurre, elle fait du coup l'économie de bon nombre de fausses certitudes.

L'homme, lui, ne parle que d'elle et pour elle. Dans la mesure où elle parle *comme* lui, elle lui vole la parole et le castre. Elle est un être de violence en effet; elle ne reconnaît pas la loi, si elle la subit. La loi divine d'Antigone, c'est tout juste ce qui l'autorise à se rebeller contre la loi humaine. La femme est voleuse de parole, de pénis et d'enfant. Quand elle vole au sens propre du mot (dans les magasins), c'est impulsif. Cette problématique du vol répond à ce que la femme aurait en moins et dont elle serait privée et au don fallacieux qu'elle attend du père.

Il y a un discours que l'homme, lui, sauf à l'imiter, ne peut lui voler : c'est celui de l'engendrement. On peut dire à bon droit : discours, puisqu'il s'agit d'un enchaînement de termes. Certes l'enfant est d'abord (peut être) conçu comme le symbole de l'unité du couple, et souvent la preuve (qui sinon ferait défaut) de cette unité. En vérité, il serait bien plutôt expulsé ou perdu comme objet partiel, nous l'avons vu : et lui-même abandonne en naissant ses enveloppes, le placenta [1] et plus structuralement ce qui le fait naître, ce qui le fait être. Plutôt que métaphore et assomption de l'autre, l'enfant est alors métonymie, et voué comme tel à se reproduire sans fin. Reste qu'il n'est pas engendré par la seule mère. Heureusement, car l'intervention de l'homme dans l'acte sexuel et ses suites ont pour effet de permettre à l'enfant, quel que soit son sexe, d'accéder au monde symbolique et d'échapper à la fatalité du double. Il s'instaure alors comme sujet et reconduit la chaîne généalogique, un moment menacée de coupure par le narcissisme parental.

La question plus précise du psychanalyste est de se demander si les femmes sont analysables. Leur dire, selon Michèle Montrelay qui suit Freud, est si transparent, tellement à fleur d'inconscient, qu'il décourage l'interprétation et rend inutile l'intervention.

Je ne pense pas. Quand l'analysante — intarissable ou quasiment muette — parle, on peut dire qu'en elle ça parle psychotiquement, métonymiquement, plutôt que névrotiquement et métaphoriquement. Or, psychotique et métonymique, tel aussi apparaît le discours du président Schreber. Autant dire que la femme entend des voix. Pour le psychanalyste, ça parle d'or par conséquent. Quand il y a refoulement et non forclusion, et que le refoulement est levé, la femme parle comme l'homme et s'analyse tout comme.

Les divergences relevées dans ces pages sont le fait de la féminité, non des femmes, et elles peuvent ou non s'y reconnaître. Ce sont ces divergences qui instituent la différence des sexes, la

---

1. Bernard This, « Le placenta », *Lettres de l'École freudienne,* n° 14.

possibilité du coït et de l'engendrement, de même que l'impossibilité du rapport sexuel en tant que rapport; impossibilité qui est la condition même du langage de l'homme *et* de la femme. Il y a l'être parlant, et des signifiants homme et femme, dont cet être parlant joue, précisément pour parler. Il convient ici de se reporter au schéma où J. Lacan figure la disparité sexuelle [1].

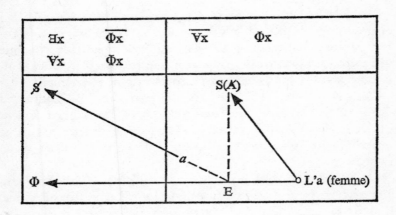

Le père de la horde primitive, comme terme qui pose l'exception, nie la castration (φx); il en existe donc au moins un; ce qui s'écrit : $\exists x \, \overline{\varphi} x$. Mais pour tout homme ($\forall$), il existe une valeur de x telle qu'on peut écrire $\forall x \, \varphi x$: c'est la fonction phallique. Pour une part des êtres parlants ($\overline{\forall}$), cette fonction peut être niée ou pas (je suis jusqu'ici mot à mot la lecture suggérée par J. Lacan lui-même, pour ce schéma).

Je marquerai maintenant en E^2 l'enfant, au point de conjonction de $\$\to a$ et de l'$a\to\varphi$. Puis, traçant également en pointillé une ligne E----→S, je forcerai l'enfant à entrer dans la ligne mythique du

1. J. Lacan, *Le Séminaire*, livre XX, *Encore*, Éditions du Seuil, 1975, p. 73.
2. C'est une adjonction de mon crû au schéma par ailleurs, ici, incomplet.

Grand Ancêtre et dans la lignée symbolique du père. Mais d'abord nous en ferons le produit de la conjonction de deux désirs.

Que signifie le produit des désirs? Reprenons un couple au moment de la conception. Il désire un enfant ou non. Dans l'un ou l'autre cas, l'enfant qui naît, est sans commune mesure avec ce désir. Et d'abord, il y a au moins deux désirs, celui du père *et* celui de la mère. Ces deux désirs déterminent une relation sexuelle basée sur le leurre puisque le désir de l'Autre s'y réduit à l'assimilation du (*a*). Il en résulte un corps étranger, produit de l'ingestion et de l'assimilation, et un reste rejeté, expulsé. L'enfant est donc ce produit et ce reste, voué à occuper dans le monde une place. Le monde étant plein, ce n'était pas une place vide, sauf, comme nous l'avons vu, dans l'espace imaginaire parental.

Dans la mesure où le désir d'avoir un enfant se substitue au désir sexuel comme tel (désir de l'Autre), c'est l'enfant qui devient l'objet (*a*), à charge de rester le Même et de devenir en même temps l'Autre, pour le parent porteur de ce désir ou les deux. Charge impossible.

De ce statut de produit ou de reste ou d'objet (*a*), l'enfant aura à se relever, pour devenir titulaire de son désir propre d'exister. C'est la crise œdipienne. L'analyse décrit le processus même du dégagement au terme duquel le sujet parle.

Mais l'enfant, lui, ne parle pas, et pour cause.

Naturellement il crie à la naissance; il pleure; on le regarde, il sourit bientôt, puis il babille. Le nourrissement et les soins corporels, comme le cri, les pleurs, le regard et le sourire, sont déjà du langage. En ce sens l'enfant parle et on lui parle, sans quoi comment commencerait-il à parler un jour? Ce qui est à retenir ici, ce n'est pas qu'il parle dans une certaine mesure *déjà*; mais qu'il ne parle pas *encore*, car c'est ce qui le définit comme in-fans.

En outre, le cri et le babil peuvent être tenus, à la suite des travaux de Jakobson [1], comme un prélangage, suivi d'une période

---

1. R. Jakobson, *Langage enfantin et Aphasie*, traduit par Jean-Paul Boons et Radmila Zygouris, Éditions de Minuit, 1969.

aphasique, suivie elle-même de l'apparition vers trois ans du langage proprement dit, tout d'un coup. Ce langage plus rigide et plus pauvre que le babil, c'est le langage commun, et il n'est pas issu directement du babil. Le mutisme de l'enfant occupé à absorber le langage commun marque une coupure, un passage à vide au cours duquel l'enfant renonce à la plénitude de son idiome qui est aussi, au dire de Dante, la langue de sa nourrice et, au dire de Jakobson, une langue de caractère psychotique. Naître au langage et à l'ordre symbolique, c'est donc renoncer à une langue pleine et privée.

Le mystère de l'apparition de l'enfant, ailleurs, dans un autre lieu, comme corps matériel extérieur, reste entier. Certes, une œuvre se définit bien toujours par son caractère de corps matériel ayant son organisation propre; mais elle se définit également comme déchet. D'objet détachable, l'enfant aura à se muter en individu comptant pour un.

Si l'on veut qu'il soit un chef-d'œuvre, c'est pire encore. C'en est fait de lui : il ne sera jamais chair ni poisson, homme ni femme. C'est le sort des enfants de parents narcissiques. (Car, bien sûr, le père peut l'être aussi.) Il est oblitéré au départ comme image et aliéné dans sa fonction de miroir par rapport aux parents. L'objet (a) trouve là sa parfaite illustration, puisqu'il est toujours du registre du Même : à qui ressemblera-t-il, cet enfant? et c'est la curée. Le narcissisme étant une donnée universelle, tous les enfants auront à se déprendre de ces identifications forcées; car être enfant, ne pas parler, c'est participer à titre d'objet (a) à l'organisation narcissique parentale. Dans la mesure même de cette participation, le langage appris sera écholalique.

Si les parents n'ont pas désiré l'enfant, et ce au point de le vouloir mort, il est voué à survivre comme déchet et à se priver de parole. C'est le sort de l'enfant mutique. C'est une sorte d'avortement.

Ce statut paradoxal de l'enfant qui ne parle pas est aussi bien celui-là même de l'homme dont l'accès à la parole n'est pas naturel et passe au contraire par une série de défilés comportant chaque fois une perte.

Mais, finalement, il — l'homme après l'enfant — parle.

L'enfant qui ne parle pas, pour la raison précisément qu'il a été conçu pour servir et ne doit pas compter comme un, illustre ce que le schéma met en évidence par le dessin en chicane des deux désirs.

L'évidence du trait, pourtant, n'est pas une facilité pour qui prétendrait comprendre. Il ne faut pas comprendre trop vite, dit J. Lacan. Il n'y a pas grand risque. Mais l'avertissement vaut surtout comme déclaration de principe. A qui croirait comprendre d'emblée et tout à fait, on peut affirmer qu'il se trompe, du seul fait que le sens n'est pas arrêté : ce sens n'est jamais que celui que le langage actuel donne au schéma. Il est figuré par la barre horizontale qui sépare la proposition intéressant l'être parlant, au-dessus, du sens sexuel, au-dessous : homme/femme. Mais il convient de laisser une « erre » de flottement.

De toute nécessité, il faut partir d'une proposition générale, soit — nous l'avons dit — de l'être parlant; non de l'homme et de la femme déjà séparés, car ce serait en faire deux entités. A partir de quoi il deviendrait tout à fait impossible de concevoir le *un*, sauf à poser un dieu en qui l'amour aurait sa définition. Car la caractéristique sexuelle est déjà un attribut. Il y a incompatibilité entre l'Être et l'Un, disait le Parménide de Platon : dès qu'on pose l'Autre, on lui attribue une qualité, ici sexuelle. Aussi peut-on poser la différence sexuelle comme exemplaire et même fondamentale dans la gamme des différences. Mais si l'on assimile cette qualité mâle ou femelle à quelque chose qui serait de l'ordre de l'universel, on aboutit à cette absurdité qu'on crée deux Un qui seraient différents. Et il n'est pas davantage possible de partir de l'Un absolu, universel; car de ce Un, on ne ferait plus jamais Deux.

Luce Irigaray [1] reproche à Freud de scotomiser la féminité :

1. Luce Irigaray, « La tache aveugle dans un vieux rêve de symétrie », in *Critique*, n⁰ 278, février 1974.

Aussi du même auteur : *Le Speculum de l'autre femme*, op. cit.; compte rendu par Eugénie Luccioni dans *Esprit*, mars 1975.

« Le plaisir obtenu par le toucher, la caresse, l'entr'ouverture des lèvres, de la vulve, pour Freud, n'existe tout simplement pas, tous organes manquant apparemment de paramètres masculins. » Le titre : « La tache aveugle dans un vieux rêve de symétrie » insiste sur ce reproche de scotomisation.

Il n'y a pas de doute sur ce fait que les organes masculins et les organes féminins sont différents anatomiquement. C'est le destin, dit Freud. Mais il s'agit ici encore d'inscription, c'est-à-dire de langage.

Donc l'homme et la femme sont pourvus d'organes sexuels différents ; et certes ils sont anatomiquement différents, encore que la génétique soit loin d'être catégorique sur ce point ; et la nature dans ses variations, moins catégorique encore. Mais l'essentiel est de montrer que ces différences sont prises ou reprises au niveau du langage, et ce, à seule fin de maintenir la différence des sexes [1]. Freud est beaucoup plus révolutionnaire que Luce Irigaray, malgré les apparences, quand il pose une bisexualité fondamentale et une différenciation signifiante. Ce qui intéresse le psychanalyste, en tout cas, c'est la « déclaration subjective de l'appartenance à un sexe [2] ».

Il convient dès lors de partir d'une région mythique ou abstraite si l'on veut, qui se trouverait au-delà de l'histoire ; c'est celle qui est figurée au-dessus de la barre dans le schéma, tandis qu'au-dessous est figurée l'humanité dans son histoire. Pour définir la région supérieure, nous pouvons reprendre les termes de Pierre Legendre [3] : « Espace idéal et absolu où s'inventent les propositions dogmatiques, un espace comme mathématique et qui ne connaisse pas l'histoire ; radicalement antécédent et pas constitué, où nous sommes séparés de tout sujet parlant. » Mais où nous le posons comme tel.

En cet espace peut s'exposer, s'inscrire une loi en effet, et c'est

---

1. Comme le montre l'apologue des urinoirs raconté par J. Lacan et sur quoi nous reviendrons ci-dessous, p. 66.
2. Cf. *Scilicet* 4, Éditions du Seuil, p. 139.
3. Pierre Legendre, *L'Amour du censeur*, Éditions du Seuil, 1974.

celle-ci : « Il y en a au moins un pour lequel il existe une valeur de x telle que φ de x est nié. (Ce qui s'écrit $\overline{\varphi}x$). Ce qui permet à tout être parlant ($\forall x$) de poser φx. C'est la fonction phallique qui est ainsi définie. L'être parlant y puise le pouvoir de parler en raison même de l'impossible du rapport sexuel qui, s'il était possible, signerait la mort du désir.

Cette loi peut s'énoncer en son contraire (à droite du schéma), à savoir : « Pour une part des êtres parlants, à condition précisément d'être *ce pas tout*, de ne permettre aucune universalité, il est permis de se poser ou non dans φx. »

Avec le commencement, épinglé arbitrairement d'ailleurs, de l'histoire, l'être parlant se pose comme sexuel, c'est-à-dire séparé. Il dit je, et je c'est d'abord : pas toi. Il se nomme donc, comme séparé, ou barré. C'est le sujet barré ($). Il a besoin de l'autre pour dire je; pour le lui dire. L'autre par excellence, pour l'homme, c'est la femme et vice versa. C'est pourquoi la différence sexuelle est prise à bon droit pour le modèle fondamental de toute différence.

$, qui signifie le sujet, a un signifié absent qui est cette barre elle-même. On peut dire aussi : en tant que sexué (sectionné, mais attention au mythe de l'unité aristophanesque!) l'homme désire ce qu'il n'a pas, l'Autre. Mais il ne trouve que son semblable imaginaire, l'(a). Ce qui s'écrit $ \Diamond a$. On connaît cette formule du fantasme.

Tout ceci s'inscrit à gauche du tableau, tandis qu'à droite une part des êtres parlants se caractérise de trouver sa jouissance, dans l'ἕτερος, dans l'Autre, S($\cancel{A}$), dont il a été dit que c'était le·père. Pourquoi nommer la catégorie de droite *femmes* et la catégorie de gauche *hommes*? C'est le moment de rappeler l'apologue des urinoirs [1] annoncé plus haut.

Deux enfants, le frère et la sœur se faisant vis-à-vis regardent chacun de leur point de vue, tandis que le train ralentit, deux édicules identiques qui se trouvent sur le quai et lisent les deux sigles différents placés au-dessus des portes : H et D. La distinc-

---

1. J. Lacan, *Écrits*, Éditions du Seuil, 1966, p. 500.

tion des urinoirs — car ce sont des urinoirs — ne se fonde que sur la différence des sigles et sur la séparation des sexes que cette différence commande, séparation exigée par les mœurs et exprimée par le langage. Ce sont par conséquent des isoloirs : à chaque sexe le sien. C'est tout ce qui les distingue. Il est clair, ici, que les signifiés ne se trouvent pas quelque part dans les urinoirs : le H est un signifiant qui représente le sujet (la petite fille) qui lit : *homme*, pour un autre signifiant, le D que lit le petit garçon.

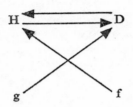

Car le H n'aurait à lui seul aucun sens. Il pourrait en effet signifier le nom de la ville aussi bien, s'il ne se trouvait conjoint au D. Il continuerait à n'avoir aucun sens ni de ville ni de sexe, ni de quoi que ce soit, si un sujet se trouvait seul à l'apercevoir. Hypothèse toute gratuite. De même les mots homme et femme dans le schéma lacanien.

Mot ou sigle ne prend de sens que du fait qu'un autre sujet, dans un chassé-croisé, aperçoit l'autre : les termes signifiants, ici, sont couplés pour la commodité du raisonnement, mais on sait que la suite en est infinie.

Ce qui ne veut pas dire que ces mots *homme* ou *femme* soient entièrement arbitraires et pas davantage qu'on pourrait les inverser. Ils ne se justifient ou ne s'authentifient nullement par l'étymologie, certes. Il n'y a pas eu une langue originelle, religieuse qui serait le garant du sens des mots. La « preuve par l'étymologie » ne tient pas, comme le démontrait Jean Paulhan il y a déjà pas mal d'années [1]. Mais du moment que l'histoire a commencé, les « points de capi-

---

1. J. Paulhan, *La Preuve par l'étymologie*, Éditions de Minuit.

ton » ont fonctionné de telle sorte que l'individu ne peut manier arbitrairement une langue.

Si nous nous plaçons au-dessous de la barre, nous sommes déjà à l'intérieur d'un certain sens, en une pleine histoire qui est la nôtre et qui se fonde sur la différence des sexes, et il y a dès lors un mot pour dire homme et un mot pour dire femme. *Le langage et la différence des sexes sont contemporains.* L'un fonde l'autre. C'est pourquoi, d'entrée de jeu, J. Lacan annonce les couleurs : côté hommes/côté femmes. Pour en revenir à l'apologue, il y a une sorte de disfonctionnement dans le couple qui se traduit par le chassé-croisé des urinoirs si l'on veut bien ne pas oublier que le train ralentit, certes, mais qu'il est tout de même en marche et va se remettre en marche, ce qui détermine un certain retard, un certain décalage dans la mécanique des regards croisés. On pourrait objecter que le frère et la sœur n'auraient qu'à se regarder face à face pour apprendre tout sur leur sexe respectif. Mais précisément c'est ce qu'ils ne font pas, par « horreur de savoir », comme dit Lacan. L'homme ne veut pas savoir. Il fait quantité de détours.

Ainsi donc, ce qu'il est convenu d'appeler La femme — dans la mesure où elle existe — a sa jouissance dans l'Autre tandis que la cause du désir de l'homme est le décevant (*a*); si l'on figure les deux désirs par deux flèches, on voit qu'elles sont en chicane; elles ne vont pas à l'encontre l'une de l'autre. D'autre part, la femme désire aussi le phallus; d'où une seconde flèche.

En résumé, donc, le schéma se lit comme suit.

Pour tout homme ($\forall$), il existe une valeur de x ($\forall x$) pour laquelle φx est posée. C'est la castration.

Pour une part des êtres parlants ($\overline{\forall}$), c'est-à-dire pas tout homme, il est permis à chacun de se poser dans φx ou de n'en pas être.

Au-dessous est inscrit le partenaire sexuel, côté homme, \$, supporté du φ comme signifié. C'est le sujet barré par son manque. Il n'atteint son partenaire sexuel, l'Autre, que par l'intermédiaire de l'objet (a).

La femme située en l' (a) trouve par contre sa jouissance dans l'Autre : $S(\cancel{A})$ qui est le père. Mais il lui arrive aussi de désirer φ. « C'est pourquoi elle n'est pas toute », dit J. Lacan.

Tandis que l'homme est aisément le jouet du fantasme et ne peut se déprendre d'une femme qu'en aimant une autre femme, sauf à se fixer à un autre objet fétiche; la femme, elle, a vocation d'aimer dans le registre symbolique ou d'*aimer* tout court et d'aimer un seul homme (le jeu des quatre pères ne se jouant que dans l'enfantement). A cet amour, généralement, l'homme cherche à échapper. Il se sent pris, enfermé, bouffé par la femme qui l'aime. Le privant de courir après son fantasme, elle le prive en effet de la cause de son désir, l'objet (*a*), et elle le castre en redevenant pour lui une mère qui comble sa demande. Qu'en est-il alors de la femme?

Elle se précipite souvent dans deux impasses qui pour nous se traduisent par deux questions :

— La libido est-elle masculine?

— Comment la femme peut-elle avoir accès à la castration symbolique?

Avant d'y répondre, tâchons de dégager les avenues de ces questions. Nous avons vu la fille liée à la mère — tout comme le bébé mâle — par un lien archaïque anal et oral; au moment du stade du miroir, ce lien gêne chez le bébé féminin (nous parlons naturellement du féminin comme d'une entité, tout en posant qu'il n'y a pas une femme qui rende raison de nos définitions) l'assomption du sujet et favorise la formation d'un moi idéal au détriment du réel. Si la fille réussit à parler plus vite que le garçon — ce qui est fréquent — c'est sans doute en vertu de son pouvoir d'identification; elle est *sage* comme une *image* et l'on ne saurait être plus sage qu'une image; elle parle *comme* maman. C'est une petite femme.

Nous avons vu que l'enfantement permet précisément à la femme de se représenter cette perte archaïque de la mère et que cette représentation même lui ouvre un accès possible au réel. Mais alors, a-t-elle dormi ou rêvé jusque-là? Et si elle se réveille plus tôt, qui la réveille de ce sommeil narcissique?

Korè-Perséphone cueillait des fleurs de pavot quand Pluton la rencontra et l'enleva. Ainsi dormait-elle dans l'amour de sa mère, la jeune fille; et fut-elle comme violée. Déméter obtint, à force de plaintes, qu'elle lui fût rendue — périodiquement rendue.

Il arrive que l'homme qui viole la fille soit son propre père. Et si elle se laisse violer, c'est sans doute qu'elle désirait en lui le phallus, sinon le pénis. Elle le désirait, ce phallus, depuis toujours. Quand par aventure, il lui a été donné de voir un pénis, le désir du phallus s'est traduit par l'envie du pénis; à condition que ce pénis ait été investi par ailleurs comme pouvant venir à manquer. Seulement la femme, elle, ne manque de rien en ce sens du moins qu'aucun organe ne peut venir à lui manquer, sauf intervention chirurgicale symptomatique [1].

C'est donc comme signe de la différence qu'elle voit d'abord le pénis et, secondairement, comme preuve d'un manque représentant l'objet primordial perdu; d'où ces fantasmes de perte qu'elle développe par la suite (les cheveux, les dents, etc.) comme substituts d'un pénis imaginairement perdu. Mais tandis que chez le garçon le pénis est ressenti comme le représentant phallique par excellence d'un manque propre, chez la fille cette enseigne reste logée ailleurs et c'est ailleurs (chez le père) qu'elle entend le préserver, pour qu'il puisse lui en être ultérieurement fait don. Ainsi déclarée — par ce don — la fille préférée, elle se rassure et feint de croire qu'elle n'est plus exposée elle-même au risque de se perdre... Il n'est pas dans la nature de la femme de s'exposer.

VI. LA PARTITION IMAGINAIRE

Pourtant elle parle et elle se tient debout. Et quand elle enfante, elle démontre avoir une fonction phallique, culminante à ce moment-là et qu'elle ne détient pas seulement par procuration [2].

1. Cf. ci-dessous, p. 162.

2. Disons, pour lever des contradictions apparentes dans l'emploi du mot de *phallus*, qu'on peut le figurer comme un monument mis à la place d'un manque ainsi dénoncé et camouflé tout à la fois.

Le clitoris et les seins sont par ailleurs des organes érectiles qui lui donnent du plaisir. S'ils ne peuvent symboliser la castration, parce qu'ils ne sont menacés de rien du tout, ils expriment toutefois une fonction phallique proprement féminine. Qu'en est-il alors de la menace de castration qui ne porte pas — on le sait — sur la perte réelle d'un objet imaginaire?

L'expulsion de l'enfant et le retrait du pénis constituent, eux, des séparations réelles d'un objet réel, figurant une part du corps féminin imaginairement perdue. Mais il y a un processus de contamination avec la castration proprement dite, favorisé par le fait que la femme a une organisation phallique propre. Le pénis devient pour elle, comme pour l'homme, le symbole du phallus menacé, tandis que le vagin en figure l'absence.

Il reste à expliquer comment s'effectue ce processus de contamination. Nous avons vu que la fille perd sa mère une seconde fois, quand elle découvre que sa mère aime son père; elle se sent alors non castrée mais niée. Elle y perd aussi son seul recours : le père. Et, orpheline, elle se réfugie dans un narcissisme effréné. Elle s'aime « intensément », dit Freud. Elle se prend pour objet d'amour et fait le rêve exemplaire de la Girafe. Cet autre viril, actif, peut devenir une voix persécutrice. Le père est tout à fait impuissant à l'en délivrer : ce n'est pas l'Autre qu'il lui faut en effet, c'est un homme réel, ayant accepté la castration symbolique et pourvu d'un pénis. Ou même, comme dit Freud, un pénis pourvu d'un corps d'homme.

Cet autre — qui n'est pas pour autant objet (a) —, la femme n'a aucune peine à le reconnaître, quand elle le trouve, parce qu'il était déjà là, constitutivement. Quand, sous les espèces du pénis ou de l'enfant qui bougent en elle, de leur propre mouvement, il réapparaît, elle se sépare de l'autre imaginaire devenu inutile; comme elle se séparera, le moment venu, du pénis et de l'enfant. Plutôt que l'angoisse de la castration, la femme connaît ainsi l'angoisse de la *partition*. Elle vit vraiment sous le signe de l'abandon : mère, père, enfants, mari, pénis, tout le monde la quitte.

Quand le pénis vient, c'est donc à la place du bouchon que

l'autre imaginaire constituait à l'endroit de la partition. Sauf que ce nouvel autre qui bouge de son propre mouvement, manifestant ainsi la présence d'un autre sujet, constitue dès lors un objet d'amour dans le réel. La description de la jouissance vaginale féminine que fait Michèle Montrelay, illustre parfaitement ce moment de révélation. Désormais la femme symbolise la perte imaginaire d'une partie d'elle-même par l'organe phallique par excellence, le pénis. C'est la castration symbolique féminine.

La partition est-elle donc l'homologue de la castration? Non, si l'on retient que la castration symbolique ne peut intervenir qu'enclenchée sur le corps propre. La séparation, certes, affecte le corps de la femme; mais se symbolise dans un organe étranger, le pénis; et secondairement dans le vagin, comme réceptacle du pénis et possiblement symbole de son manque. Ce que la femme symbolise dans son corps propre, c'est donc secondairement le manque de ce dont, pourtant, elle n'avait pas posé la présence. Aussi l'appellerais-je volontiers « La malcastrée », en reprenant à mon compte le titre d'un ouvrage récent [1]. Ce double processus de castration est en effet souvent mal ajusté et conduit la femme — non pas du tout à refuser la castration —, mais à se vivre au contraire comme châtrée. Aussi reste-t-elle ordinairement en deçà de l'imposture en tant que sujet. C'est tout bénéfice au regard de la vérité, sinon sur le plan de la vie quotidienne. Il faudrait analyser de même le processus de la castration symbolique chez l'homme. On découvrirait sans doute que la castration est figurée dans et par le corps féminin et que primitivement elle est manque, coupure, division, séparation d'avec la mère — puisque le garçon naît, tout de même que la fille, d'une mère —; et que ce processus est double pour lui aussi.

En résumé, l'homme réel, l'autre *un* mais non le (*a*), délivre la femme du phallus paternel introjecté, comme l'enfant la délivre d'un double maternel mortifère. Plus de soleil aveuglant, plus d'ombre non plus; mais un possible réel. Cet accès au réel, propre

---

1. Emma Santos, *La Malcastrée*, Maspero, 1973; Éditions des Femmes, 1975.

à la femme, ne lui est cependant pas aisé; ni même naturel. Elle est plus familière de l'impasse et du passage à l'acte que de la sublimation sociale, autre que maternelle. Un film récent [1] rend admirablement compte de l'impasse comme du passage à l'acte. On y voit une femme aux yeux sans regard mais à la main sûre, s'enfoncer dans les occupations ménagères (et jamais le mot d'occupations n'a eu son plein sens comme ici) jusqu'à devenir la machine la mieux huilée de sa maison. Elle fait l'amour l'après-midi contre de l'argent; il faut vivre. Elle fonctionne, absente. M'est revenu, à la voir ainsi fonctionner, cette phrase de Gina Lombroso [2] : « La femme ressemble à une sonnette électrique à laquelle manque l'isolateur et qui non seulement sonne consciencieusement à chaque appel, mais continue à sonner même quand on n'y pose plus le doigt et qu'on voudrait la faire cesser. »

Pire encore si l'on entend lui changer son programme. Ce qu'il advint à la machine dite Jeanne Dielman : un homme ayant outrepassé le temps qui lui était imparti entre la vaisselle et le bain, la machine s'est mise à commettre de menues erreurs; plus rien ne se faisait à l'heure, jusqu'au jour où ce même homme parvint à la faire jouir, malgré elle. Alors froidement, calmement, elle le tua. Elle lui enfonça des ciseaux dans la gorge. Ne lui enfonçait-il pas son pénis « comme un couteau » dans le corps? *Or, elle ne voulait pas jouir.* Refus de jouissance : ça n'empêche pas d'avoir l'air de vivre au plus près du réel. En vérité, le réel, Jeanne Dielman ne l'atteint que dans le meurtre. Pourtant c'est une femme ordinaire.

Seymour Fischer remarque, dans une enquête sur l'orgasme féminin, que les femmes dites du peuple ou les paysannes ont moins d'orgasmes que les femmes de la bourgeoisie cultivée. La femme sauvage serait un mythe. Il semble donc qu'il n'y a pas chez la femme un instinct sexuel qui lui ferait trouver le pénis à point nommé, ce pénis n'étant pas l'objet naturel de son désir.

---

1. *Jeanne Dielman,* réalisé par Chantal Akerman, 1976.
2. Cf. note 2, p. 46.

L'autre réel, au demeurant, sauf déviation, ce n'est pas le seul organe, le seul pénis (qui dans ce cas devient l'objet fétiche); le pénis n'est pas non plus cause du désir. Si la cause du désir de l'homme est l'objet (*a*) que la femme fait miroiter à grand renfort d'artifice, la cause du désir de la femme est le phallus, c'est-à-dire ce que le pénis représente. A la mascarade féminine répond la parade virile et c'est à la faveur de ce jeu d'illusionnistes que tout de même ils se rencontrent. Qu'il n'y ait pas de rapport sexuel, ne signifie pas qu'il n'y a pas de relations sexuelles, et qu'il ne se passe rien. Mais seulement qu'il n'y a pas union complémentaire de deux contraires qu'on pourrait mettre en équation. Il y a illusion, maldonne : la femme se faisant passer pour ce qu'elle n'est pas et l'homme faisant montre de ce qu'il n'a pas. « Ainsi la division immanente au désir se fait sentir d'être éprouvée dans le désir de l'Autre, en ce qu'elle s'oppose déjà à ce que le sujet se satisfasse de présenter à l'Autre ce qu'il peut avoir de réel car ce qu'il a ne vaut pas mieux que ce qu'il n'a pas, pour sa demande d'amour qui voudrait qu'il le soit [1]. » C'est ainsi que l'homme fait de la femme son phallus et que la femme fait de l'homme le phallophore, son porte-phallus.

Il se passe tout de même quelque chose. Après l'événement, l'un et l'autre sont changés : cela n'arrive certes pas tous les jours, et que cela n'arrive pas n'empêche pas le plaisir. Mais dans la jouissance, quelque chose dans le réel est saisi, qui modifie les chaînes signifiantes de l'un comme de l'autre. L'effet s'en peut voir par la suite dans leur langage et leur vie quotidienne, car chacun a alors quelque chose à dire ou à faire.

Et voilà pourquoi la femme, comme l'homme, parle. Et pourquoi elle n'est pas muette. Il reste, et ce n'est sûrement pas un fait sociologique ni culturel, que cette parole est souvent difficile, qu'elle ne va pas de soi.

« Toute femme, écrit Hélène Cixous [2], a connu le tourment de sa venue à la parole orale; le cœur qui bat à se rompre, parfois

---

1. J. Lacan, *op. cit.*, p. 693.
2. Cf. *L'Arc*, n° 61, et C. Clément et H. Cixous, *La Jeune Née*, coll. « 10/18 », 1975.

la chute dans la perte du langage; le sol se dérobant; tant parler est pour la femme — je dirai même ouvrir la bouche en public — une témérité, une transgression. Double détresse, car même si elle transgresse, sa parole choit presque toujours dans la sourde oreille masculine qui n'entend dans la langue que ce qui se parle au masculin. »

J'ajouterai : sourde tout spécialement à la plainte dont les hommes ne veulent rien savoir, qui les insupporte; et que les femmes portent jusque dans le temple, devant le tabernacle, au mépris de tous les interdits, si nous en croyons Jacques Hassoun, pour forcer les hommes à l'entendre. « Si je parle, je pleure », me dit une analysante.

En effet, ouvrir la bouche pour une femme est éprouvant : quel flux, quel flot, quel souffle, quel sang va-t-il par là fuir? Ou est-ce pour dévorer qu'elles ouvrent la bouche, comme Penthésilée?

Il arrive à l'homme de faire la même confusion névrotique entre paroles et flux ou flot. Tel est le cas de ce phobique, Roi, rapporté par Colette Rouy [1] qui pris d'une envie de vomir le matin du bac, voit cette envie se répéter au point de l'empêcher de vivre. La veille de ce jour il avait entendu son frère dire à leur mère, dans la salle de bain, qu'il allait se marier parce que sa fiancée était enceinte. Depuis, les envies de vomir qu'il désigne du simple prénom « Elles » le persécutent. « Elles » ne cessent que lorsqu'il parle, pendant ses cours ou ses conférences. Il faut donc qu'il parle tout le temps pour ne pas vomir. Schreber aussi vomissait... Quand on pense que l'obsession de Roi est de porter un enfant (rêves d'enfants sauvés) et qu'il cherche son sosie féminin, on ne peut que supposer qu'il a fait pour le moins une identification féminine.

Pour en revenir à la femme, certes elle a quelque chose à dire, tandis que souvent l'homme parle et ne dit rien — ne dirait rien si la femme ne se trouvait là pour être questionnée. Alors qui parle? Ni l'un ni l'autre; ou tous les deux.

---

1. Séminaire « Féminité, grossesse, sexualité », février 1974.

CHAPITRE III

De la partition
à la castration symbolique

> « Il me reste à vous raconter la folie
> d'une femme raisonnable afin de vous
> montrer que la folie n'est souvent
> autre chose que la raison sous des
> dehors différents. »
>
> Goethe, *Années de voyage.*

Prenant prétexte de ce que m'a raconté une jeune fille de vingt et un ans, que j'appellerai Aucassine, parce qu'avec elle c'est tout le Moyen Age qui revient, je m'avance dans cette région qu'on peut dire, avec Phyllis Chesler [1], celle de la folie des femmes.

Voici ce que dit Aucassine : « J'ai des flashes. Ils deviennent de plus en plus épais. Je ne vois plus les choses, les objets. J'ai très peur. Je ne veux pas qu'on s'en aperçoive. Je tiens le plus longtemps possible. J'ai mal partout. Après j'éclate et c'est fini. Je suis vide. »

« ... Cette nuit je n'ai pas dormi. Je me suis rappelé un moment avec un garçon que j'embrassais : nos deux bouches sont devenues comme des cavernes à dimensions mondiales. Très noires. J'ai hurlé. Je me suis cassé les poumons. J'ai dit : je suis morte. Ce que j'essaie de me rappeler c'est le passage quand je deviens morte... »

« ... Je leur ai dit que j'étais un fœtus, que ma mère m'avait abandonnée. Ma mère, c'était mon amie Monique. J'avais très

---

1. *Les Femmes et la Folie*, op. cit.

soif. Elle m'a mis de la salive dans la bouche... quand j'ai vu un garçon dans le lit, j'ai hurlé. Puis ça a été la période où j'étais en enfer. Je ne voyais plus les murs... »

Aucassine n'est pas folle. Elle est étudiante en hébreu, en deuxième année déjà ; paie sa chambre en faisant travailler deux enfants deux heures par jour ; repeint les murs de sa chambre avec des copains. Elle vit confortablement et, en apparence du moins, raisonnablement. Elle reçoit d'ailleurs de larges mensualités de son père, avocat. Maître Grassier (nom que j'écris toujours, mentalement, *gracié*) est protestant, et son frère aîné est pasteur.

Folle ou pas ; peut-être simulatrice ? Je n'en crois rien. Mais il n'est pas nécessaire d'en décider. Ce qu'elle dit, elle le dit. J'appellerai toutefois délire, ce qui va se préciser avec les quelques données familiales qui suivent. Familial, précisément, ce délire se déploie autour du « message » que la mère dit avoir reçu, à charge de le retransmettre. Ses parents étaient incroyants ; le message a donc été reçu par elle, directement de Dieu. Elle est la *première* touchée par la grâce. Pour retransmettre le message, il ne lui fallait rien de moins que douze enfants : douze prophètes. Elle les a eus.

Ils se groupent par deux ; les aînés des couples ayant fait ou faisant des études normales ou brillantes, et les puînés restant à la traîne. C'est ainsi que l'aînée est avocate ; mère célibataire, elle vit avec sa cadette, assistante sociale, sans homme elle aussi. Elles élèvent ensemble leurs deux enfants. Elles sont toutes deux mystiques, mais non protestantes ; elles ont opté pour une religion orientale.

Puis viennent deux garçons ; l'aîné est pasteur comme son oncle ; le puîné ouvrier, chômeur et alcoolique.

Aucassine est une aînée, celle du troisième couple. Elle fait, je l'ai dit, de l'hébreu, mais aussi de l'anglais et de l'allemand. Elle a aimé à quinze ans un Allemand de vingt-cinq ans, qu'elle appelle « un sage » ou « un philosophe ». Enfin, elle écrit des poèmes. Sa sœur cadette vient de débarquer de province, chez elle, à Paris, avec un « message » ; un texte qui lui a été « dicté » et qu'il faut qu'elle publie de toute urgence. Elle a déjà fait le tour des éditeurs de sa province. Elle y explique sa mission ; elle est le Christ et a reçu l'ordre de sauver les hommes. Elle a mis trois jours et trois nuits pour écrire le texte, sans dormir.

Les autres enfants s'organisent pareillement en couples, jusqu'à la dernière fille qui est décidément « à part ». « Elle est un bébé et elle restera un bébé. » Cette famille sans hommes opérants (ils sont géniteurs, mais non opérateurs dans le travail de structuration familiale) se distribue, comme on voit, par deux suivant un système de miroirs labyrinthique. Tous les traits propres à la féminité s'y retrouvent (si tant est que l'on puisse parler de féminité) :

— le mysticisme non paranoïaque : les femmes sont visitées ou possédées ;

— le don poétique et l'écriture ;

— le délire collectif ou seulement familial : le message ;

— le double comme principe d'organisation de ce groupe ;

— l'éclatement du corps et le vide ;

— le peu de consistance du monde objectal ;

— enfin les voix, les visions, les hallucinations.

C'est la sorcière de Michelet.

Nous retrouverons tous ces traits chez les femmes poètes dont je vais traiter maintenant, et surtout chez sainte Thérèse d'Avila, sublime Aucassine, géniale Aucassine d'un autre temps.

J'ai cru pouvoir établir que la femme vit sous un régime de partition imaginaire qui la précipite dans un narcissisme réparateur. Sans doute est-il souhaitable d'expliciter d'abord davantage le contenu de cette notion de partition. Puis il sera question de la pulsion scopique qui gouverne la libido féminine, dans la mesure même où la femme a une structure et une pathologie narcissiques. De là, j'en viendrai à l'hystérie féminine et à la relation d'esclave que la femme entretient à l'égard de l'homme, pour conclure ce chapitre en compagnie de sainte Thérèse.

I. L'ACCÈS AU SYMBOLIQUE

Ma thèse, c'est que la femme passe de la *partition imaginaire* à la *castration symbolique* par identification; mais que cette identification ne prend effet qu'autant qu'une *partition symbolique* est intervenue, par un processus de symbolisation proprement féminin, dès le stade du miroir. Cette suite chronologique est toute fictive, bien entendu.

Un certain nombre d'évidences suffisent à définir l'imaginaire féminin suivant cette ligne de la partition : elle a deux organes sexuels, dissemblables il est vrai : le vagin et le clitoris; elle est du même sexe que le parent qui l'engendre. Ce régime *double*, ce régime du double, se précise double du fait de la grossesse et de l'enfantement; la femme qui devient mère n'est plus une, mais deux. Du point de vue de la femme, c'est elle qui se double et se dédouble; non le père. Ces données, qu'on peut aussi bien dire imaginaires que réelles, étaient parfaitement illustrées déjà par le cas d'Anne-Marie. J'insiste toutefois sur le fait que la faiblesse des femmes en mathématiques — faiblesse en laquelle, vraie ou simulée, tout le monde se complaît — trouve là son explication et sa valeur de symptôme.

J'ai parlé à ce même propos de Philiberte — nom propre où j'entends quant à moi perte de φ — et de son fantasme de gémellité, qui lui fait coupler spontanément tous les êtres « de rencontre » comme on dit. Avec Philiberte, nous passons tout naturellement du double à la *perte*. Je m'expliquerai plus tard sur la perte de φ, pour ne retenir pour l'instant que *la* perte. L'événement capital de la vie organique de la femme ou de sa physiologie, ce sont sûrement ses menstrues ou règles, dites encore pertes, et, second dans le temps, l'accouchement ou la séparation (en attendant le sevrage) d'avec cette partie d'elle-même qui était venue imaginairement la compléter pendant la grossesse, tandis que cessaient précisément les pertes, cessation qui est le premier signe de la grossesse. Quand elle « tombe » enceinte, elle ne « voit » plus ses règles. Ce quelque chose d'elle-même ne devient plus périodiquement visible. Une femme en analyse, que j'ai appelée Léthé, raconte qu'à l'apparition de ses premières règles, elle a eu le sentiment de tomber! et elle s'est mise à tomber effectivement; elle a eu des vertiges dont elle n'a partiellement guéri, sur les conseils d'une tante qui avait eu les mêmes troubles, qu'en « dormant ». Depuis, elle « tombe » de sommeil en plein jour inopinément, même en voiture. Elle doit se droguer pour échapper au sommeil. Elle est finalement venue en analyse pour échapper aux médicaments. « Tomber tout entière avec », tel est le sens de cette mort passagère.

Voici encore ce que dit Mary Barnes à ce propos : « Lorsque je me tenais debout, je me tenais raide et immobile afin de rester entière, de ne pas tout perdre et disparaître [1]. » Pour elle, la partition imaginaire n'intervenait même pas, ou bien elle intervenait trop et la terrorisait; en tout cas, c'est bien seulement de *partition* qu'il s'agit dans tous les événements, toutes les pertes de la vie d'une femme. Ils appartiennent à des champs divers et ne sauraient expliquer scientifiquement quoi que ce soit. Mais ils suffisent à circonscrire un phénomène de partition imaginaire, comme régime psychique proprement féminin. La femme vit avec la peur de perdre une partie d'elle-même. Son mari peut devenir cette moitié toujours perdue. Anne-Marie supporte mal que son mari s'absente, fût-ce pour son travail. Plus mal encore s'il doit prendre un train. On peut expliquer la peur de le perdre par de l'agressivité renversée ou de l'angoisse. Mais je ne tiens nullement à l'expliquer. Il importe seulement de bien marquer qu'elle vit la moindre, la plus légitime absence comme une séparation définitive. « C'est absurde, dit-elle, mais je n'y peux rien. » Plutôt que l'angoisse de la castration, la femme, avons-nous dit, connaît l'angoisse de la partition.

Redisons-le. La perte d'une part d'elle-même est à ne pas assimiler chez la femme à la peur chez l'homme de perdre le pénis —

1. Mary Barnes, *op. cit.*

donc un organe —, perte qui n'advient jamais d'ordinaire, et perte
d'un organe bien particulier puisque c'est l'organe sexuel. Il est
vrai que la Girafe [1] dit que si son mari l'abandonnait, elle se sentirait amputée. Toutefois, elle serait amputée d'un organe qui n'est
pas sien.

Le terme de castration peut-il être employé quand il s'agit de
la femme ? La question se pose car le mot même dit que ce quelque
chose en moins, ce manque fondamental, doit être pris en charge
par le sexe, faute de quoi on ne peut parler de castration. Tâchons
d'analyser plus avant : pour qu'il y ait chaîne symbolique, il faut
qu'il y ait un manque, lequel engendre la demande. Il y a bien
pour la femme perte réelle ou déchet vécus imaginairement comme
partie d'elle-même. Mais précisément il s'agit d'une partie d'elle-
même, c'est-à-dire d'elle-même en tant que *une*. Aussi ce qu'elle
demande, c'est d'être rendue à elle-même. Quand elle en vient à
faire l'amour, la détumescence et le retrait du pénis figurent tout
naturellement et résument (en attendant l'accouchement futur)
toutes ces pertes. Ils les marquent rétroactivement du signe du
sexe. Reste que dans l'acte sexuel, la partie dont la femme se
sépare et qui recouvre seulement une toujours plus ancienne
perte, n'a — répétons-le — jamais fait partie d'elle-même. Elle
passe donc de la perte réelle d'une moitié imaginaire d'elle-même
à la perte imaginaire d'un organe qui vient se superposer à ces
parties perdues. Plus tard, au moment de l'accouchement, la
privation réelle d'une part d'elle-même deviendra frustration
imaginaire, en réveillant la perte ancienne de cette autre partie
d'elle-même, sa mère, à partir d'un tout fantasmé. Elle peut aussi
devenir castration symbolique si elle entre dans une chaîne symbolique. Mais combien de fois aurons-nous écrit ici ce mot :
elle-même ?

C'est que la femme, *en elle-même*, ne manque de rien, en ce sens
du moins qu'aucun organe ne peut venir à lui manquer, sauf
opération chirurgicale symptomatique, avons-nous dit. Elle en

1. Chapitre II, « La grossesse comme crise narcissique ».

aurait plutôt un en plus : le clitoris. Comment en arrive-t-elle donc à considérer qu'elle est privée de pénis ? J'écarte pour l'instant le fait que l'homme la vit comme privée et lui communique ce sentiment, encore que ce fait-là ne soit pas négligeable.

L'expulsion de l'enfant et le retrait du pénis constituent des séparations réelles. C'est la pulsion anale qui y est intéressée. En tant que pulsion partielle, elle s'adresse à l'Autre dont elle attend la réponse. La femme se sépare de quelque chose, en échange d'autre chose; car elle demande à l'Autre — à l'homme — d'être prise; et comme toujours dans cette histoire de don, on ne sait plus quel est le bénéficiaire. Mais on se souvient qu'enfant, la petite fille a attendu un bébé du père, comme un don. C'était pour se consoler d'avoir dû reconnaître que sa mère regardait ailleurs : du côté du père précisément.

Mais alors, s'il ne lui manque rien — à la femme —, quel est l'objet de sa demande ? Et comment passe-t-elle de la partition imaginaire à la castration symbolique ? Et, pourrait-on dire, comment passe-t-elle du narcissisme à la libido objectale ? Le passage ne va pas de soi. « L'idée établie selon laquelle la " libido narcissique " est le réservoir d'où a à s'extraire la " libido objectale "... comme " une partie de cette libido détournée du corps propre " », voilà ce que dénonce précisément Jacques Lacan. C'est une idée qu'il récuse [1]. Il y a un « point de réversion » et non une simple coupure dans un même tissu. Ce point de réversion, bien que repérable dans l'histoire du sujet féminin au moment du stade du miroir et de l'enfantement, n'est pas réductible à une ponctualité historique. La femme ne passe pas d'une structure à une autre; c'est le *trajet de la pulsion* qui se modifie [2].

L'accès au symbolique et la « trouvaille de l'objet » sont liés dans un même processus. C'est en quoi le symbolique a partie liée avec le réel.

L'identification, ai-je dit, est le processus qui donne à la femme

1. Cf. J. Lacan, séminaire d'octobre 1967.

2. J. Lacan, *Le Séminaire*, livre XI, *Les Quatre Concepts fondamentaux de la psychanalyse*, op. cit., p. 163.

accès à la castration symbolique. Mais cela fait problème. La femme vouée à l'hystérie trouve tout naturellement le chemin de l'identification. Seulement tout ce que l'on appelle identification n'est pas du registre symbolique. Il y a la captation par l'image spéculaire; l'incorporation du phallus paternel; enfin l'identification proprement dite, constitutive d'un sujet possible, sur le modèle du *Fort-Da*.

Par identification à l'homme, la femme s'imagine un pénis manquant (alors qu'il ne manque pas, à proprement parler, chez l'homme) et elle symbolise ainsi le manque dont la privent tous les phénomènes de partition. Elle passe donc de la perte imaginaire d'une moitié d'elle-même à la perte imaginaire de l'organe sexuel viril, puis à la perte symbolisable d'un organe sexuel quel qu'il soit; pourvu, toutefois, que « l'envie de pénis » ne la fixe pas à l'absence réelle de cet organe sexuel particulier, le pénis.

Mais le pénis de qui? La castration qui s'en suit est-elle symbolique ou seulement imaginaire [1], du fait que le pénis n'a jamais été là, chez la femme? Son organe sexuel propre n'est pas menacé. Un autre processus de symbolisation proprement féminin intervient ici nécessairement, au cours duquel la femme se prend elle-même comme objet perdu et enjeu de la symbolisation. Perdre la moitié de soi-même, en effet, c'est se perdre dans son unité et donc dans son être. Le symbole de l'unité perdue serait le corps comme tout, sans fissure. L'enjeu, ici, c'est l'existence même. L'expérience spéculaire est, pour l'enfant féminin, un moment privilégié d'ouverture au jeu symbolique, quand du moins le montage n'est pas, au contraire, catastrophique.

La fonction scopique

Pour expliciter en quoi l'image spéculaire peut être soit une ouverture symbolique, soit une capture narcissique, il faut en revenir à la fonction scopique.

---

1. Cf. ce qu'il est dit de l'amputation de la Girafe, p. 52.

C'est cette même fonction qui organise la libido féminine pour la raison sans doute que c'est elle aussi, comme l'a écrit Jacques Lacan, « qui élude le plus parfaitement le terme de castration ». Or, la femme, avons-nous dit, déjà partagée, répugne à risquer une nouvelle schize, celle qui projette le moi à distance : en l'espèce l'image spéculaire [$i(a)$] mettant le sujet paradoxalement en demeure de se voir.

Pour la fille, la mise à distance est une épreuve difficile. Elle préfère basculer dans l'image que lui garantit (croit-elle) le regard tout aussi captif de sa mère et, plus tard, le regard omnivoyant du père. A cette image, donc, elle préfère croire. Elle croit qu'elle est elle-même. Elle se confond ainsi avec cette figure pleine et sans fissure, non trouée, qui et que préserve la puissance parentale. Ce faisant, elle substitue à la personne de la mère qui constituait l'enjeu du *Fort-Da* sa propre personne, figurée par son corps dans l'image spéculaire; image que le regard de la mère fait apparaître, qu'elle « cause »; c'est un *Fort-Da* renversé, et c'est tout le corps qui y devient l'enjeu de la symbolisation, avec les risques de morcellement et de paralysies hystériques qui s'ensuivent.

Mais en s'offrant ainsi au regard, en se donnant à voir, suivant la séquence : voir, se voir, se donner à voir, être vue, la fille — sauf à choir dans l'aliénation complète de l'hystérique —, provoque l'Autre à une rencontre et une réponse qui lui donnent du plaisir. Toute pulsion partielle est invocante, remarque Lacan. Peut-être parlons-nous ici de la même chose quand nous écrivons provocation. Invocation ou provocation à l'adresse du regard de l'Autre ne peuvent intervenir que si le regard de la Même, le regard de la Mère — comblant — fait défaut à l'enfant, de ce que ce regard, l'Autre, précisément, l'occupe. C'est dans ce jeu que s'instaure l'articulation symbolique.

Car, dès lors est intervenue la « séparation », qui sauve la fille de l'aliénation. Il faudrait reprendre ici un autre schéma de Jacques Lacan [1] :

---

1. J. Lacan, *op. cit.*, p. 163.

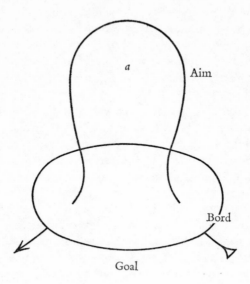

Le but (*aim*) et la fin (*goal*) que serait la satisfaction de la pulsion, ne coïncident pas. S'ils coïncidaient, la flèche filerait tout droit. Comme le dit Lacan, la pulsion contourne l'objet (*a*). Mais elle ne se referme pas non plus sur elle-même; elle revient en un autre point. Il s'est passé quelque chose. Ce quelque chose, c'est une incursion dans le champ de l'Autre, où une réponse à la pulsion a été provoquée.

Ce schéma vaut aussi pour la pulsion scopique à l'œuvre dès le montage spéculaire. Mais, dans la mesure où la résistance narcissique de la femme réussit à infléchir la flèche de la pulsion au point de lui faire faire retour sur elle-même et de boucler la boucle, nous avons un phénomène d'identification aliénante à la place d'un acte de découverte de l'Autre (fût-ce par le truchement du *a*), et une scotomisation du désir. Ce qui advient si la mère se fixe dans la contemplation de sa fille, comme de son image : car la fille alors bute sur la barre de l'identification et la pulsion scopique fait retour sur elle-même — manquant l'objet (*a*) et l'Autre par la même occasion.

Il n'y a plus que reflets du Même, et un trou à la place du sujet comme de l'objet. Si l'Autre de la Mère, par contre, fait fonction d'interrupteur, la fille perd une image leurrante, mais recouvre son désir; et c'est l'Autre de la Mère qui devient objet de son désir. C'est au Père qu'elle se donne alors à voir. A charge pour ce père de répondre en tant qu'homme désirant et donc castré, et non comme Père-Mère tout-puissant se mirant lui aussi dans sa créature.

Si donc le regard de la mère se détourne, le miroir se casse et la fille répète son expérience de partition, mais elle subsiste ou se recouvre comme objet désirant, parce que sa mère a un désir propre, qu'elle-même ne saurait combler. Dans la répétition même, l'image spéculaire avec laquelle la fille se confondait, désormais détachée, et réitérante, devient symbole de l'unité perdue figurée par le corps comme un.

C'est bien tout le corps qui devient ici l'enjeu du processus de symbolisation, et l'échec de la symbolisation se traduit non par des phénomènes d'impuissance (sexuelle ou équivalente), mais par des phénomènes de morcellement, ou même de perte d'être, ou par des somatisations hystériques (paralysies), localisées ou non.

Le processus est engagé dès l'instant où, opérant la coupure dans le parcours de la pulsion scopique qui la gouverne depuis toujours, la fille se donne à voir, au lieu de se perdre dans le miroir. Elle s'offre alors comme objet (*a*) et provoque la réponse de l'Autre, évitant l'identification aliénante. « L'incursion au champ de l'Autre » par provocation lui ouvre alors l'accès au registre symbolique/réel. *Dans ce « donner à voir », la pulsion scopique propre à la femme lui fait trouver son statut de sujet*, puisque c'est par cette pulsion partielle qu'elle manifeste son désir de l'Autre et qu'elle l'atteint. Après la rencontre, quelque chose est changé, puisque la femme sait que ce qu'elle voulait voir, c'était l'Autre, l'homme en tant que sujet; et que ce qu'il voulait connaître, lui, c'était la femme, en tant que point d'origine, au-delà de la mascarade. Mais elle ne peut répondre de ce point d'origine et il ne peut répondre en tant que sujet. C'est dans la mesure où ils acceptent l'un et l'autre leur défaillance et celle de l'autre qu'ils ont un accès au réel et un gain au niveau symbolique de l'échange.

Pour l'homme, il en va tout de même, lors de sa première identification à la mère; sauf qu'au risque de perdre son sexe il ne peut se confondre avec elle. S'il nie le sexe de sa mère, il devient pervers ou fétichiste, s'il nie le sien, homosexuel ou impuissant. L'enjeu, ici, c'est le sexe. On peut donc parler de castration. Pour lui, l'image spéculaire est moins narcissique que phallique, car c'est sa stature qu'il y gagne. L'image est, dit-on, orthopédique. Quant aux intermittences du regard maternel, elles l'introduisent au jeu du *Fort-Da*, dans lequel il s'identifie de préférence à l'Autre de la mère, le Père, qui est de même sexe que lui, tandis que la mère devient le Grand Autre.

La fille trouve d'autant plus spontanément le moyen d'échapper au sommeil narcissique par identification paternelle, que le père fait la moitié du chemin, comme le montre l'enlèvement de Perséphone. Si son père ne la désire pas — ne l'enlève pas — elle court grand danger de rester collée à sa mère. Mais il est vrai qu'en s'identifiant à l'Autre de la mère, elle se met en danger d'incorporer le phallus paternel. Un passage par l'homosexualité favorise alors efficacement le changement d'objet, en détachant la fille de sa mère [1]. Autrement dit, le choix du père ne peut être vécu dans l'affolement. Si la jeune fille se jette sur le père, par peur de la mère, elle ne cessera de se jeter sur l'un ou l'autre, dans la peur de l'engloutissement.

Le couple maître/esclave

L'expérience de la femme est exténuante. Privée d'objet extérieur d'amour, la femme erre « comme une âme en peine » et se

---

1. Cf. ci-dessus, p. 44.

retourne en effet vers son Père : le seul homme qui l'ait aimée, ou qu'elle ait pu aimer. C'est en lui qu'elle trouve son idéal, c'est-à-dire cette unité qui lui fait défaut puisqu'elle est partagée. Et quand elle aime un autre homme, elle l'aime comme elle a aimé son père. Elle en fait un Père, un Père-mère à vrai dire. Elle veut qu'il la désire et lui donne vie. Elle attend tout de lui. Toute sa demande tient dans ce que j'appelle « la prosopopée de la Féminité » et c'est à peine ironique, car il est vrai que les femmes se promènent dans la rue ou se tiennent chez elles telles des allégories, et qu'elles parlent.

Ainsi donc, la Féminité parle et elle dit : « Je suis faible ; un rien me fait trembler. Je suis le don fait femme. Je ne m'appartiens pas. Sans toi je ne suis rien. J'attends tout de toi. Surtout ne t'éloigne pas. Quand tu n'es pas là, je ne vis plus. Je serai comme tu voudras, belle, enfantine, mais aussi passionnée. Je serai ta maîtresse, ton épouse, ta sœur et ta mère, tout ensemble, et même ton amie. Mais à la *condition* que tu m'aimes. »

Cette prosopopée, comme on le voit, contient un marché. La femme se donne toute, contre de l'amour.

C'est qu'elle est tout entière suspendue au désir de l'Autre, tant qu'elle n'a pas découvert son désir propre. Et il n'y a pas d'autre moyen pour elle de découvrir son désir propre que d'en passer par le désir de l'Autre [1]. C'est probablement ce qu'on a appelé sa passivité. Passivité qui la met en demeure de connaître le pénis, encore qu'elle n'avoue pas que c'est ce qu'elle cherche, parce qu'effectivement elle ne le sait pas. Elle continue à nier sa pulsion génitale, et parfois son plaisir. Elle reste donc dépendante, sans désir propre déclaré : esclave en un mot d'un maître qu'elle se donne, et qui accepte d'entrer dans cette relation qui lui paraît, bien à tort nous le verrons, avantageuse. Les termes de cette relation sont les suivants, et c'est la femme qui les pose : si tu me quittes, je meurs. Nous avons vu avec quelle permanence ces deux termes de séparation et de mort marquent, désignent, dessi-

---

1. « La femme est altérocentriste », disait déjà Gina Lombroso en 1924, in *L'Ame des femmes*, op. cit.

nent la ligne de partition imaginaire de la femme et occupent son champ libidinal. Comme dans toute relation maître-esclave de ce type, il y a bien sûr aliénation et perte assurée, au départ, de quelque chose : car ou tu me quittes et je meurs ; ou tu ne me quittes pas et je me perds moi-même, puisque je deviens toi. De toute façon, je ne vis pas. Même fausse alternative que celle de la liberté ou la vie, car ou bien je perds la vie, ou bien je perds la liberté et la liberté de vivre [1]. Il semble que l'homme dirait plutôt : « Si tu me quittes, je *te* tue. » C'est du moins ce que dit Mariella Righini dans une enquête sur le suicide, pour opposer cette attitude masculine à celle de la femme qui dit : « Si tu me quittes, je *me* tue [2]. »

Donc, la femme se fait l'esclave de l'homme, contre un peu d'amour. Ce faisant, elle perd sa vie, sinon la vie. Elle est ce sujet qui, comme tout sujet, ne prend de sens qu'au champ de l'Autre (homme ou enfant) et s'évanouit en même temps comme sujet. Elle est invocante par rapport à l'Autre ; elle est l'invocation même et c'est pourquoi elle peut être tenue pour l'origine du langage, comme la Béatrice de Dante. Mais elle s'aliène spontanément selon le mode de couplage du maître et de l'esclave. Elle est depuis toujours installée dans l'alternative : vie ou mort. C'est le *vel* léthal lacanien ; ou bien elle s'installe dans la mort de Narcisse ; ou bien elle se fait reconnaître par l'Autre et se perd comme sujet, parce qu'elle s'identifie au désir de l'Autre.

Toutefois le couple maître-esclave, comme celui homme-femme, est à prendre comme couple, comme relation ; et non comme deux termes marqués l'un et l'autre positivement ; sinon l'on pose deux races et le « vieux rêve de symétrie », dénoncé par Luce Irigaray, reprend corps. L'issue n'est pas dans le refus de cette relation ; elle n'est pas dans la dénégation.

« Par quoi le sujet trouve la voie du retour du *vel* de l'aliénation,

---

1. J. Lacan, *op. cit.*, p. 191-193.
2. Mariella Righini, « Enquête sur le suicide », in *Le Nouvel Observateur*, n° 554, juin 1975.

appelée l'autre jour la séparation » a écrit J. Lacan [1]. La séparation
— second temps de la répétition dont le premier est l'aliénation —
sauve de l'aliénation. Mais se séparer c'est précisément « se parer
de l'Autre ». La voie du retour est étroite. Toute la difficulté pour
la femme, comme pour tout esclave, est là : étant la coupure,
comment s'offrirait-elle le luxe, en outre, de se couper de l'autre
soi-même? Le sort du maître n'est pas, on le sait, plus heureux.
Si l'esclave-femme perd sa liberté et choisit de vivre, fût-ce comme
perdante, l'homme garde son identité et son nom qu'il transmet,
du moins dans notre société; mais il n'est souvent plus qu'un
nom.

Le moment de la séparation n'est pas facile à pointer. Il s'agit
pour la femme de ne pas s'identifier à l'Autre. Mais d'en jouir
— afin d'en jouir. Ce moment advient quand elle admet qu'elle
ne jouit que du Signifiant — comme tel, représentant un sujet
pour un autre signifiant qui le représente —. Car la femme jouit
de cela : de la révélation même de l'Autre comme signifiant. Elle
jouit du phallus (et non du seul pénis) [2] comme du *un* qui est
mis à la place de cet autre réel qui ne peut se saisir. Et ce *un* qui
la met elle-même en place, comme sujet barré, lui donne ainsi
accès à la castration symbolique (que la partition symbolique avait
rendue possible puisqu'elle y était déjà posée comme séparée).

Nous avons dit qu'avec l'enfant elle passe de 1 à 2 et même à 3,
en comptant le père. Mais là aussi elle a personnellement à se
séparer de l'autre imaginaire comme partie d'elle-même, pour
reconnaître l'Autre comme signifiant, comme un. Sa problématique est bien celle qui la fait passer de la moitié au double, puis
du double à 1, 2, 3, etc. Elle fait difficilement l'acquisition de ce
calcul simple, parce que, ce qu'elle vit dans son être, c'est plutôt
« l'écrasement » (le terme est de François Recanati). Si elle ne
prend effet comme 1 que de par l'autre, qui fait 2, son unité de

---

1. Cf. J. Lacan, *op. cit.*, p. 194 et 199.
2. La Girafe, qui se sentirait amputée si elle était abandonnée, avoue dans le même
temps être devenue « sexuellement indifférente », et pourtant ce n'est pas une femme
frigide.

sujet est toujours précaire. Elle risque de s'écraser dans le zéro. Et si elle ne prend effet de 1 que du fait de l'Autre, dont le signifiant est le phallus, elle ne peut être qu'un phallus — non identique au second, certes, (ou plutôt au premier); mais alors qu'est-ce qu'elle est?

Sans doute ne peut-on désirer ce qui manque. Le *vouloir ce qui faut* serait plus proche de ce qui meut la femme (éternelle insatisfaite, dit-on), avec l'inflexion que le voisinage de volonté communique à vouloir; et avec falloir plutôt que manquer, parce qu'il lui faut à chaque nouveau pas.

Pour sauver leur relation, l'homme, de son côté, tente de s'identifier à la femme. Mais il va alors à l'encontre de sa vocation. C'est, avons-nous dit, le change de sexe qui pallie l'échec de l'échange. Si l'homme peut s'identifier à la femme, c'est bien évidemment que le processus d'identification trouve chez lui aussi, dans son organisation propre, un support. Ce support c'est le prépuce, qui est, dit Amado Levy-Valensi, « formellement femme parce que le pénis s'y meut ». Quoi qu'il en soit de ses organes, il a fait lui aussi une première identification à la mère.

La circoncision et d'autres rites peuvent viriliser l'homme. Mais il reste capable d'identification. Nous avons pu établir une sorte d'équivalence sexuelle entre l'acte sexuel mâle et l'accouchement; j'ai cité à ce propos Ferenczi.Mais qui dit change de sexe, identification réciproque, dit échec de l'échange, puisque, au mieux, l'un devient l'autre, l'un manque l'autre et l'anéantit. C'est l'impasse de l'unisexe. Rêve pernicieux des hippies contre quoi les femmes ont déjà trouvé remède. Marguerite Duras et Xavière Gauthier nous racontent dans *les Parleuses* [1] que certaines se groupent délibérément à l'abri des hommes dans des communautés hermétiques « pour se retrouver ». Ces communautés de femmes rappellent « les chambrettes provençales » où les hommes se réunissaient au siècle dernier à l'abri des femmes auxquelles l'entrée de ces cercles était interdite, « même pour faire le ménage ». L'ethnologue

1. Éditions des Femmes.

qui s'est appliqué à en trouver la raison d'être n'en a pas trouvé d'autre que la sévérité même de cette unique règle et ses effets [1]. De fait, les femmes d'un côté, les hommes de l'autre se parquent pour échapper à la contamination toujours menaçante et recommencée.

Pour en revenir à la femme, elle veut bien faire l'homme, mais le prestige, elle le lui laisse, elle le lui laissait... Il lui reste, on l'a vu, le chemin du retour après séparation, ou la sublimation de son amour. Voyant que l'homme lui échappe, car il ne s'installe pas volontiers dans l'identification et se dépêche d'aller courir après un autre (*a*) salvateur (pour ne pas être castré); après l'avoir rendu impuissant en lui interdisant précisément les objets (*a*), causes de son désir, elle lui crie son amour; puis elle se l'écrit dans ses journaux dits intimes; puis elle l'écrit.

Écrire l'amour, c'est là l'issue de la sublimation, celle qui sauve la femme de la nymphomanie et de l'érotomanie. Nous ne nous occupons pas ici de la voie naturelle, où, épouse et mère, elle trouve à s'épanouir : voie plus difficile à cerner et à dégager. Mais nous ne la nions pas; nous pensons qu'elle prend tout son sens des voies extrêmes que représentent la pathologie d'une part et la sublimation de l'autre.

II. SAINTE THÉRÈSE D'AVILA

Nous en arrivons à sainte Thérèse d'Avila *qui fit parler Dieu*. Je ne m'occuperai pas de sainte Thérèse mystique, mais seulement de la femme qu'elle a été. Pour tout ce qui est de son expérience mystique, je la crois sur parole, puisque cette expérience, je ne l'ai pas eue. Donc je crois que ce qu'elle dit est vrai d'entrée de jeu; c'est vrai *puisqu'*elle le dit : « Dans l'union intime avec Dieu,

1. Lucienne A. Roubin, *Les Chambrettes des Provençaux*, Plon, 1970.

elle ne sait que jouir. » C'est ce qu'elle dit. Et je crois qu'elle jouit.

Je ne pense pas qu'on puisse dire *halluciné* l'objet d'amour de sainte Thérèse. Son expérience se déploie dans le réel, en dépit d'égarements imaginaires. Il s'agit précisément pour elle de guérir de ses accès pathologiques, de ses nombreux maux hystériques (aussi bien est-ce le mot qu'elle emploie elle-même) par les exercices d'une expérience mystique. Et tout est justement là : de ce que sainte Thérèse savait que le rapport sexuel est manqué puisqu'il *y a jouissance seulement de la parole dite à l'autre réel*, elle a pu élaborer sa mystique.

Si j'en viens à parler de sainte Thérèse, en ce point de ma réflexion, c'est qu'elle a aimé, essentiellement; et comme une femme, dans la mesure où elle a parlé son amour. Elle l'a même écrit, comme Sapho, comme Louise Labé. La distance est moindre de sainte Thérèse à Louise Labé — qui n'aimaient l'une et l'autre que les hommes — que de Sapho à Thérèse; car Sapho n'a aimé que sa mère et sa fille à qui elle a donné le nom de sa mère : Kleis. Quelle preuve plus grande pouvait-elle donner d'un même amour? De même, Mme de Sévigné ou Colette. Or, « l'inceste affectif avec la mère, dit très justement le docteur Wolf, est l'essentiel du saphisme [1] ».

Il est une autre femme amoureuse et poète : celle qu'a ressuscitée Pierre de Mandiargues, Isabelle Mora. Poétesse, elle aimait un poète qu'elle n'avait jamais rencontré; et elle en était aimée de façon si parfaite qu'une rencontre n'eût rien ajouté à cet amour, car il se consumait entièrement en poésie. Mais surtout aucune force au monde ne pouvait y mettre obstacle; pas même celle de frères jaloux et brutaux. Tahar Labib Djedidi, décrivant un processus de « sexualisation de la langue arabe [2] », cite des cas exemplaires d'amour parlé : « Nombreux sont les récits où une dame de grande famille se laisse séduire ou presque, non par le poète,

---

1. Dr Charlotte Wolf, *Love between women*, Saint-Martins, New York.
2. Tahar Labib Djedidi, *La Poésie amoureuse des Arabes*, SNED, Alger, 1974.

mais par sa poésie. Seul le verbe est capable de dévoiler la dame. »

Tout aussi exemplaire, le cas Aimée [1]. Aimée envoyait chaque semaine un sonnet au prince de Galles. Il ne répondait pas ; pour Aimée, la machine à parler l'amour était détraquée. Mais raté ou pas, c'était l'amour parlé et vécu poétiquement. Comme aussi l'amour d'Ulrich et de sa sœur Agathe dans *l'Homme sans qualités* [2] bien que dans ce dernier cas l'inceste soit consommé! encore ne peut-on l'affirmer, tant le texte est évasif. Ulrich et Agathe ne sont emportés dans l'union irrésistible de leurs corps que dans la mesure où ils s'unissent d'abord en paroles. « L'amour est essentiellement loquacité », déclare Musil-Ulrich. Dire que l'amour est vécu par la parole, c'est dire qu'il ne l'est pas au niveau des sexes, et nous voici reconduits à sainte Thérèse.

Sainte Thérèse, donc, aimait son père et était aimée de son père (tandis que l'impératrice, dans *la Femme sans ombre*, on s'en souvient, se dressait contre son père — Dieu — et lui disait non). C'est sa mère qui tirait Thérèse vers le bas. Si on lit entre les lignes, on constate que la seule personne à qui Thérèse fasse quelque reproche (compte tenu de la politesse), c'est sa mère, et pour lui avoir communiqué le goût des romans de chevalerie. Curieux reproche, puisqu'elle lui a ainsi enseigné l'amour. Donc, Thérèse aime son père ; elle aime aussi l'un de ses frères avec qui elle jouait, enfant, à construire des monastères ; elle aime ses confesseurs, et elle aime saint Jean de la Croix et le Père Gratian et saint Joseph « beaucoup plus secourable aux mortels que la reine des anges », parce qu'il fut le père de Dieu sur terre, un père donc. C'est une *hommosexuelle*, suivant l'orthographe lacanienne ; et c'est en homme qu'elle va fonder un ordre. Nous verrons toutefois lequel. De même George Sand : entreprenant d'écrire son autobiographie ; elle s'oublie et raconte la vie de son père : ce héros napoléonien,

---

1. J. Lacan, *De la psychose paranoïaque dans ses rapports avec la personnalité*, Éditions du Seuil, 1973.

2. R. Musil, *L'Homme sans qualités*, traduction de Philippe Jaccottet, Éditions du Seuil, 1957.

son amant idéal. Au point qu'éditeurs et lecteurs s'insurgent. Sainte Thérèse, comme George Sand, comme toute femme écrivain, ne peut qu'en passer d'abord par une identification virile; Marguerite Duras parle elle aussi de cette inévitable « singerie ».

Goethe raconte, dans *les Affinités électives* [1], comment le naïf Édouard se mit à aimer Odile (alors qu'il adorait sa femme Charlotte) quand il découvrit qu'elle avait pris la même écriture que lui : « Il regarda Odile et encore les feuilles : la fin surtout était absolument comme s'il l'eût écrite lui-même. Odile se taisait mais le regardait dans les yeux avec la joie la plus vive. Édouard leva les bras : tu m'aimes Odile, tu m'aimes! » Et du coup, il l'aima. Les hommes goethéens sont ainsi faits, et d'autres. Mais Odile peut-elle, au-delà du premier moment d'amour, renoncer à sa propre écriture? Quant à Édouard, avoue Goethe, s'il baise et rebaise le début du document, « il ose à peine baiser la fin parce qu'il croit voir sa propre écriture (!) ».

Le refus, sinon le refoulement de sa sexualité propre a coûté cher à sainte Thérèse, puisque sa décision d'entrer en religion après la mort de sa mère lui vaut une maladie de plusieurs années. La violence de ses conversions somatiques traduit la violence du désir refoulé. Elle manque rien moins que mourir, ne peut plus rien *avaler* (je souligne, car le thème oral reviendra en force en une autre occasion) : fièvre, douleurs au cœur et évanouissements, vomissements, etc. Elle reste paralysée trois ou quatre ans, et devra réapprendre à marcher à quatre pattes, exemple qui illustre bien, me semble-t-il, ce que je disais plus haut : le corps devient symbole de l'unité perdue et, à ce titre, c'est lui qui parle dans les phénomènes de somatisation. Dans ce cas-ci, il devient impuissant, comme le pénis de l'homme peut être incapable de bouger.

De son père, Thérèse passe à Dieu, mais non sans s'assurer des jalons en la personne des pères qui la confessent et lui garantissent ses actes et ses paroles.

---

1. Cf. ci-dessus, p. 29.

C'est d'ailleurs tout ce qu'elle demande aux hommes : d'être des pères. Du pénis, il n'est pas question. Il reviendra sublimé, sous forme d'hostie. Et Thérèse dit ingénument qu'elle les aimait très grosses.

Saint Jean-de-la-Croix, connaissant sa gourmandise, en brisa une en morceaux un jour qu'il lui donnait la communion. Thérèse fit contre mauvaise fortune bon cœur, puisqu'elle avait décidé de tout accepter, mais n'en éprouva pas moins un dépit persistant. Il est bien vrai que cette voracité trahit une fonction orale identificatrice ardemment à l'œuvre chez elle. De même, l'expression suprême de son amour est orale. « Qu'il me baise du baiser de sa bouche », comme il est dit dans *le Cantique des Cantiques*.

Elle n'est pas sans savoir que si elle s'identifie à Dieu, elle pèche par orgueil; et même que se dire sa fille bien-aimée, ou son épouse, peut être d'inspiration diabolique. C'est pourquoi elle se démet de tout désir propre, de toute volonté propre, et s'en remet au père X ou Y, pour savoir si oui ou non sa vision est vision et la parole de Dieu parole de Dieu. C'est ce que Marcelle Auclair appelle « ses ruses angéliques ». Elle ne peut tout de même pas aller jusqu'à bouffer Dieu pour rester ensuite sans rien ni personne en face d'elle ce qui est le sort de toute hystérique.

Thérèse n'est pas plus rusée que humble. Elle a fait de l'humilité l'outil principal et unique de l'exercice mystique : si elle n'est rien, Dieu est tout, encore faut-il qu'elle ne soit rien, autant que Dieu le veut, et toujours un peu moins pour ne pas avoir de vouloir ni d'être propre.

L'humilité, si l'on veut garder ce terme, est donc la cheville de toute son expérience. A chaque degré vers l'état mystique supérieur, sainte Thérèse se rempare d'humilité. Aussi se garde-t-elle bien de tout ce qui pourrait être dit aujourd'hui : revendication féminine. Elle ne veut pas être l'égale des hommes. Aux hommes, la puissance, les titres, le pouvoir de décision, le jugement et la compétence. « Dans tout homme, il y a un para », répond en écho Marguerite Dumas. Les femmes n'ont pas besoin de s'occuper de toutes ces « subtilités » qui charment les hommes, constate sainte Thérèse. Il est vrai que les hommes ont, de naissance, un jouet à leur disposition.

Elle, donc, elle sait qu'elle s'occupe de son âme en aimant Dieu; qu'elle n'a pas d'autre voie pour se recouvrer comme sujet; parce que si le Grand Autre est, il est *un* par rapport à elle, et avec elle ça fait au moins deux. Elle est donc aussi *un*.

Elle passe ainsi du double, qu'elle avait pourtant aimé pendant sa coquette adolescence de jolie femme, au *un*, et elle existe le temps de le reconnaître. Mais pour ne pas s'identifier à Dieu, pour jouir de Dieu — et il n'y a pas de doute qu'elle en jouit — en ce péril extrême d'anéantissement, l'humilité ne suffit plus. La séparation d'avec Dieu est le fait d'un *tiers* qui la garantit, en l'occurrence ses confesseurs. Elle a besoin qu'on lui certifie que c'est Dieu qui lui parle. « Il est vrai que d'une certaine façon, l'amour ne se fait qu'à trois », écrira Marguerite Duras.

L'existence de cet Autre, le seigneur dont elle jouit, n'est garantie que par un troisième qui opère, lui, la coupure, qui intervient pour la dire : « Oui, c'est Dieu qui te parle, et à qui tu parles, vous êtes deux. » A ce moment-là, elle peut s'écarter de Dieu assez pour savoir qu'elle jouit et rester « active », ce sont ses propres termes. C'est le contraire du baiser à bouches confondues d'Aucassine et de la bouche unique de Freud. Il faut ainsi à la femme un troisième pour savoir qu'avec l'Autre ça faisait deux. Peut-être donnons-nous là le schéma tout abstrait d'une intervention dans une analyse de femme. (C'est ce troisième qui manque au monde féminin d'Aucassine; autrement tout y est : le mysticisme, les voix, les visions, l'amour et la poésie.)

S'il n'y a de parole que dite à l'Autre, sainte Thérèse parle. Et plus généralement la femme, gouvernée qu'elle est par la pulsion invocante. C'est en quoi la femme est à l'origine du langage, à l'origine de la société humaine, au lieu de passage, de séparation, à la coupure; elle l'est, cette coupure. Mais elle ne le sait pas. Il faut que l'homme le lui dise; sinon elle s'oublie comme un. Et alors 1 + 1 ne font plus 2, et tout l'édifice social masculin bascule. La femme mine les constructions masculines. Plus directement, elle castre l'homme en refusant son pénis, au bénéfice du phallus — père-Dieu. Elle le castre aussi radicalement en aimant son seul pénis, au détriment de l'homme.

Elle castre ainsi l'homme jusque dans l'acte sexuel. Elle le castre encore en ne comprenant rien à ce qu'il fait. « Gardez-vous, dit sainte Thérèse, d'user et de fatiguer votre pensée à ces recherches. Les femmes n'ont besoin de rien qui dépasse leur entendement. C'est une faveur que Dieu nous fera quand sa majesté le voudra et nous découvrirons que nous avons tout appris sans souci, ni travail... » « Je vous recommande donc vivement, lorsque vous écouterez un sermon ou lorsque vous méditerez les mystères de notre Sainte Foi, de ne pas vous fatiguer, ni user votre pensée à en chercher les subtilités ; ce n'est pas pour les femmes ; et beaucoup de ces choses-là ne sont même pas pour les hommes. »

C'est dans ce dernier trait que l'on mesure la signification de ce refus de comprendre, qu'elle réitère fortement dans son commentaire du *Cantique des Cantiques* — écrit sur l'ordre du père Gratian — et aussi dans cette déclaration fondamentale : « *Je le dis aux femmes et aux hommes, ils n'ont pas à sustenter la vérité avec leur science* [1]. »

La chance des femmes aujourd'hui, c'est que réussite, science et pouvoir sont discrédités. Place aux esclaves! Espérons que les femmes vont réfléchir avant de crier victoire.

Le seul savoir est révélé par la jouissance de l'amour de l'Autre. Ce savoir-là est le privilège des femmes. Il rend caduque la science des hommes. Si les hommes n'étaient forcés à l'amour, ils ne seraient même plus poètes; ils n'inventeraient plus leur langue. Dans leur rage néantissante de tout nommer, dénoncée déjà par Jean Genet (un homme, il est vrai, mais homosexuel) dans *le Balcon*, ils perdraient la langue même. C'est un peu toujours ce qui se passe. Le langage a la maladie, pourrait-on dire aujourd'hui, comme on le dit des arbres ou du bétail. Il prolifère.

Il est vrai que lorsque la femme n'aime pas, rien ne lui est plus

1. C'est moi qui souligne.

interdit. Et que quand elle aime, tout lui est permis. L'amour est ainsi le plus actif des dissolvants de l'institution. Mais en cela même, n'étant personne, échappant dans cette mesure à toute autorité, la femme a toujours à inventer une nouvelle langue.

Pour résumer...

Voilà la femme telle que nous l'avons décrite : toujours partagée, toujours privée de la moitié d'elle-même, divisée narcissiquement entre sujet et objet, orpheline de toute façon. En un mot, narcissique de structure et vouée à un destin de partition.

Et nous renouvelons notre question : comment passe-t-elle de la partition imaginaire à la castration symbolique qui commande l'entrée dans le langage ?

Par un processus d'*identification*, dont les premiers termes ont été la captation par [*i* (*a*)], puis l'incorporation de l'idéal du moi, à savoir du phallus, puis l'identification au désir de l'Autre, et enfin, après séparation ou coupure, l'amour. Tels sont les quatre stades du dégagement du sujet chez la femme, au terme (d'ailleurs hypothétique) desquels elle parle. Mais au moment de la contamination par l'homme de la peur de perdre le pénis (qui devient chez elle le sentiment de ne l'avoir jamais eu), on ne peut dire qu'il y ait chez la femme véritablement castration symbolique. Il y a superposition de la castration masculine à la partition imaginaire féminine, substitution d'une peur à une autre peur. Il y a donc alors castration seulement imaginaire. Elle devient symbolique quand elle se greffe sur la partition symbolique déjà intervenue.

L'identification proprement dite est celle qui est à l'œuvre dans le jeu du *Fort-Da* où les personnages glissent les uns sur les autres comme des cartes. Le sujet peut alors dire : *je coupe*, et dans sa coupure s'instaurer, en sorte qu'il s'affirme ensuite dans le glissement même des cartes. C'est la coupure qui permet la sortie de l'aliénation. Nous avons vu qu'il n'y a pas à attendre, sinon dans un devenir fictif; car la coupure intervient possiblement dès l'image spéculaire.

De cette vocation à l'identification qui la fait étrangère à elle-même, de ce statut mitigé, la femme tient sa faiblesse. Comme sujet, elle est aisément déplacée et développe une instance imaginaire permanente qui la protège de l'effritement, du dédoublement et de la perte d'être.

Mais elle tire aussi un avantage du fait même qu'elle est esclave, sujette plutôt que sujet; et du fait qu'elle a été méprisée : il lui reste en effet la jouissance. Et c'est dans la mesure même où elle jouit qu'elle se tait. Il n'y a pas de paroles pour dire la jouissance. Mais seulement des paroles d'amour, qui disent et ne disent pas. C'est la contradiction majeure vécue par toute femme écrivain et par l'exemplaire sainte Thérèse.

Et pourtant elle est bien à l'origine du langage humain, en ce qu'elle « procure » des enfants à l'homme, c'est-à-dire en ce qu'elle permet la génération qui est constitutive de l'organisation sociale; et en ce qu'elle invente la parole d'amour, celle qui invoque l'Autre. Elle est par là d'emblée dans le symbolique; mais elle choit répétitivement dans l'imaginaire.

Outre qu'elle invente la parole d'amour, la femme a le don de la parole pythique, comme nous le verrons plus avant à propos d'une héroïne de Goethe, l'astrologue Macarie. Elle dispose donc de plusieurs modes langagiers : la prosopopée de la féminité; le pastiche de l'hommosexuelle; la parole pythique et la parole d'amour. L'inconscient parle pour qui l'écoute dans n'importe lequel de ces quatre modes, le langage pythique n'étant pas du tout privilégié dans son rapport à l'inconscient, car c'est encore un savoir qui ne se sait pas. Aussi la femme peut-elle être analysante et analyste au même titre que l'homme.

D'ailleurs, l'inconscient a-t-il un sexe?

Il est permis de repérer dans ce texte même les strates de ces quatre modes du parler féminin et d'y entendre en outre l'inconscient.

CHAPITRE IV

Le frère et la sœur

« Maintenant je sais que tu es une femme au gracieux visage. Il arrivera que lorsque les Égyptiens te verront, ils diront : « C'est sa femme », et ils me tueront et ils te conserveront la vie. Dis, je te prie, que tu es ma sœur. »

Genèse XII, 11-13.

— Olivier Guichard, que sont les femmes pour un homme politique ?
— Moi, je n'avais qu'une sœur. Avoir une sœur, c'est faire très rapidement l'expérience du couple ; on la protège très fort et on frémit devant ses folies.

Extrait de *Cris et Chuchotements*, de Gonzagues Saint-Bris dans *Elle*, nº du 31 mars 1975.

S'il est un amour parlé, c'est bien celui, qui paraît tout naturel, du frère et de la sœur, d'une part ; et d'autre part le modèle analytique, puisque la relation analytique est l'homologue de la relation sexuelle, dans la mesure du moins où l'intervention y fonctionne comme la manifestation d'un désir autre où bute la demande ; l'indice d'un autre sujet ; restant bien entendu que la visée y est tout autre.

Le modèle de la relation fraternelle nous est offert par Musil dans l'*Homme sans qualités* [1]. Ulrich et sa sœur Agathe, exemplaires masculin et féminin d'un même être en tous points remarquable et singulier, recommencent l'histoire, cent fois contée dans la littérature allemande, du *couple fraternel* parfait : celle de Thomas Mann entre autres. Voici ce que dit de la famille Mann, comme par hasard, Michel Tournier, dans sa préface à *Méphisto* [2] : « Soit, par exemple, le thème de l'inceste fraternel qui ne cesse de hanter Thomas Mann qui l'aborde en 1905 dans sa nouvelle *Sang réservé* et le traite longuement dans son roman *L'Élu* paru en 1951. Rien dans la vie de l'auteur ne paraît s'y rattacher. Pourtant sa femme Katia Mann avait un frère jumeau qui s'appelait Klaus et auquel — à en juger par les photos dont nous disposons — son neveu ressemblait de façon frappante. Le couple Katia-Klaus était si notoirement inséparable que la parution de *Sang réservé* provoqua un scandale et qu'il fallut retirer de la circulation les numéros de la revue *Neue Runschau* où cette nouvelle avait été publiée [3]. »

La parution de *Météores* [4], depuis, éclaire cette insistance de Michel Tournier à parler de l'inceste fraternel. C'est l'histoire, on le sait, de deux frères jumeaux. Michel Tournier a dit à peu près lui-même à propos de ce roman, dans une interview entendue à la radio au cours du mois d'août 1975, que les jumeaux forment « le couple idéal, stérile, éternel; les autres couples n'en sont que des satellites; ils vivent dans les vicissitudes ». *Les Météores* éclairent en retour *Vendredi ou les Limbes du Pacifique* dont il sera question au chapitre suivant à propos de l'hermaphroditisme : il est tout de même notable que Robinson, l'homme seul, ait perdu une jeune sœur dont le souvenir le hante.

---

1. Gennie Luccioni, « La méthode de Musil », chronique, *Esprit*, avril 1959.
2. Klaus Mann, *Méphisto*, Denoël, 1975.
3. Cf. La communication de Paul Mathis, au congrès de Strasbourg (mars 1976) intervenu entre la rédaction de ce texte et sa publication.
4. Michel Tournier, *Des Météores*, Gallimard, 1975.

Tournier, s'il connaît bien l'Allemagne, comme en témoigne *le Roi des Aulnes*, n'est pas allemand; ni Pascal, ni Chateaubriand, ni Renan, ni tant d'autres ne sont allemands. Mais on retrouve il est vrai, dans la littérature allemande, la trace persistante du mythe des jumeaux. Et puis il y a Goethe et sa sœur, Nietzsche et sa sœur, etc. Quoi d'étonnant si le « Et ta sœur ? » de la hargne populaire surgit sans l'ombre de raison apparente, pour évoquer la chose encombrante et cachée.

La chose encombrante et cachée dans la relation du frère et de la sœur, c'est le sexe de la sœur et même sa vulve. Chez les Mashona et les Matabele d'Afrique, « le mot *totem* a aussi pour sens *vulve de ma sœur* », rapporte Myriam Pécaut [1] à propos de l'équivalence inceste/cannibalisme ou nourriture. Et elle ajoute : « Il semblerait qu'ici l'objet incestueux soit d'abord la sœur. »

Le modèle de cette relation, avons-nous dit, parce qu'elle y est acceptée jusqu'à son extrême et fatale conséquence, c'est celle d'Ulrich et Agathe dans *l'Homme sans qualités* [2]. Quand Ulrich voit sa sœur, elle lui plaît. « C'est un grand pierrot mince, à la peau *sèche* [3] et parfumée » (alors que Diotime a de petites mains potelées), à la poitrine menue, aux longs membres déliés. Elle est le double féminin d'Ulrich. « Une hermaphrodite », pense-t-il. « L'être humain apparaît sous deux états, homme et femme. » Mais ces états sont secondaires, irréels en quelque sorte, et pour retrouver l'unité perdue, vivante et vraie, il faut les ajouter l'un à l'autre. « Il semblerait que les frère et sœur aient déjà fait la moitié du chemin » vers l'unité perdue et à retrouver.

Avec Agathe, tout est possible parce qu'elle fait vraiment n'importe quoi. C'est le seul personnage de ce roman qui soit libre, non construit. La folle Clarisse est non construite mais bien folle; les Arnheim et Diotime sont faussement construits; Ulrich

---

1. Myriam Pécaut, compte rendu de l'ouvrage de Théodor Reik sur les rites religieux et plus particulièrement la Couvade, au séminaire « Féminité, grossesse, sexualité, », 1974-1975.
2. *Op. cit.*
3. C'est moi qui souligne.

lui-même est déconstruit et « sans qualités » mais par refus volon-
taire du quotidien, du social, de l'histoire, et même de l'incar-
nation. Agathe, elle, est un miracle de spontanéité vraie. Elle est
authentique, hors cadre, hors la loi. Parfaitement « vacante »
mais sans souffrance, à la différence du révolté Ulrich. Elle ne
cherche pas. Elle attend. Elle *dort* [1] le plus possible en attendant.
Quand la passion viendra, elle la prendra toute.

Pour Ulrich, elle est l'anneau de la vie mystique, de la communion au-delà du monde, au mépris de cette Cacanie (empire
austro-hongrois) qui est l'image même de la communauté humaine
momifiée dans ses catégories, ses formes géographiques et histo-
riques. La Grande Guerre fera éclater tout ce beau monde. Seul
le crime est une réponse à l'inanité. Faute de retrouver l'unité
vivante, au-delà des couches ossifiantes de la raison, l'homme se
tourne haineusement contre l'homme; et dans le crime, du moins,
retrouve une respiration normale.

Il y a — autre solution — la mystique Agathe. Il est clair que
cet amour, d'abord parlé tout au long d'une période de « conver-
sations sacrées », puis consommé, ou presque, est aussi un crime.
Non pour des raisons morales. Mais parce qu'il est un attentat
contre la création, un refus de la naissance, le μή φῦναι si fortement
relevé par J. Lacan dans son séminaire sur *l'Éthique* mais qui
dérive « sur le désir d'un bien » : celui, nostalgique, de l'union
parentale : « L'amour entre frère et sœur, dit à peu près Kafka
dans une lettre à sa sœur Valli reprise par Musil, est répétition
de l'amour du père et de la mère. »

Il s'agit de nier l'accident de la naissance propre et les états
séparés « secondaires » qui lui sont consécutifs, pour retrouver
l'unité de l'être. Musil s'en prend à l'existence parce qu'elle
n'existe pas assez.

Ulrich et Agathe consomment peut-être leur amour (ce qui ne
saurait se voir dans Goethe) dans un paroxysme de passion qui
n'a sa réplique, si du moins il est réellement consommé, que dans ·

---

1. C'est moi qui souligne.

la scène finale de *la Mère* de G. Bataille; et pour cause, puisqu'il s'agit ici et là d'inceste. Après quoi il n'y a plus que la mort.

Agathe, qui ignore le bien et le mal, se suicide. L'amour parlé mystique n'était pas possible *à cause*[1] des corps. L'amour consommé pas davantage, parce que l'extase ne dure pas. Musil démontre ainsi qu'on peut atteindre à la vraie vie, mais non la vivre. Ulrich, lui, part à la guerre (celle de 1914). On peut parier qu'il la fera en héros. C'est une solution d'homme, qui rachète l'accident de la naissance par un risque volontairement encouru. Clarisse devient (était) folle. C'est un épilogue de femme. Les autres personnages, qui étaient moraux et avaient des idéaux, continueront certainement — si la guerre le permet — à les servir. Ils vivront *pour* la vérité, sinon *dans* la vérité; et ainsi ils seront occupés.

Le couple fraternel de Musil ne contredit qu'en apparence le couple tout platonique rêvé par Goethe. Je laisse délibérément de côté la morne pièce *le Frère et la Sœur*. Elle est plus semblable aux drames bourgeois et même larmoyants du xviiie siècle français qu'à un drame romantique; en outre, pour ce qui nous occupe, le titre seul est à retenir : ce n'est pas dans cette pièce que nous trouverons le modèle du couple fraternel goethéen puisqu'il y a méprise sur le lien de parenté annoncé dans le titre — ce qui n'ôte pas sa signification à ce dernier.

Nous retracerons plutôt ce couple partout ailleurs dans l'œuvre énorme de Goethe; dans chacune de ses phrases, dans chacun de ses mots quasiment; car y transparaît en filigrane son propre couple, celui qu'il formait avec sa sœur Cornélia. Il raconte lui-même dans son autobiographie[2] qu'elle n'avait qu'un an et demi

1. C'est moi qui souligne.
2. *Goethes Werke*, Éditions Reclam jun., Leipzig, 8 vol.
Toutes ces références sont dues à l'amitié et à l'érudition du professeur G. Contri et du docteur P. Thèves.

de moins que lui, et que les circonstances les avaient fortement liés l'un à l'autre : « Au retour de ces excursions entreprises à moitié pour le plaisir, à moitié à des fins artistiques... j'étais ramené à la maison par une force vraiment magnétique qui depuis toujours agissait très fortement sur moi : c'était ma sœur. » La sévérité et l'âge du père semblent s'être ajoutés encore à ces « circonstances ». Le frère et la sœur étaient plus proches de leur mère relativement jeune et d'humeur enjouée. Il s'agit bien, par conséquent, d'une position de repli, adoptée par l'un et l'autre en vue d'un affrontement paternel toujours menaçant.

« Nous nous croyions très malheureux et nous l'étions en effet, écrit Goethe, puisque les liens du sang nous empêchaient de convertir notre position de confidents en celle d'amants. » On ne saurait être plus clair. Et même, il est permis ici d'ajouter : ils y avaient donc pensé ?

La mort arracha à Goethe cette sœur bien-aimée; il conçut alors le projet de la faire revivre dans une œuvre poétique. Projet irréalisé et sans doute irréalisable. Mais s'il n'a pu faire de sa sœur l'objet délibéré d'une œuvre particulière, en revanche toute son œuvre, dans son ensemble et son détail, est l'ombre portée de l' « âme merveilleuse » et son « miroir magique » en même temps.

Aussi tous les romans et pièces de théâtre de Goethe reproduisent-ils le même scénario : le frère et la sœur vivent ensemble avec un enfant de l'un *ou* de l'autre qu'ils élèvent, et dont l'autre vrai parent est mort. Dans *les Années de voyage*, M. de Brévanne habite un château avec sa sœur et le fils de sa sœur. Tout le récit est placé sous le signe de saint Joseph et de *la Fuite en Égypte*. Lothaire croit se découvrir frère de Charlotte parce qu'il a été l'amant de sa mère, et renonce à Charlotte. Dans *l'Homme de cinquante ans*, le major vit avec sa sœur, la baronne, et la fille de celle-ci, Hilarie. « Dès sa jeunesse la baronne avait aimé son frère au point de le préférer à tous les hommes et peut-être l'inclination d'Hilarie (pour son oncle) avait-elle été, sinon provoquée, du moins à coup sûr entretenue par cette préférence. »

(A propos de quoi, me revient irrésistiblement en écho la déclaration d'une analysante qui, la veille de son mariage, quelque trente ans plus tôt, avait écrit à son frère : « De toute façon, je n'aimerai jamais un homme autant que toi. »)

Quand on lit ensuite la brève pièce de théâtre citée plus haut, *le Frère et la Sœur*, et qu'on entend Marianne faire ses brûlantes déclarations à son « frère », Goethe a beau nous dire ensuite qu'elle n'est que la fille de Charlotte, que Guillaume a autrefois aimée (encore une Charlotte : encore un amour défunt !) et non sa propre sœur, nous ne sommes pas persuadés. C'est bien d'une passion fraternelle désavouée qu'il s'agit.

Quoi qu'il en soit, le couple garde quelque chose d'incestueux, qui caractérise tous les couples goethéens, puisque, au mépris des générations, l'amant ou la maîtresse y aime toujours la fille ou le fils de son partenaire.

Il y a là empêchement majeur, postulé au départ, et qui prend tout son sens du fait qu'il est souvent gratuit. Il n'y a pas l'ombre d'un empêchement réel à l'union de Werther et de Charlotte, puisqu'elle n'est même pas officiellement fiancée avec Albert lors de leur première rencontre. Pourtant l'un comme l'autre postulent qu'ils sont à jamais divisés : « Ah! si elle avait pu en cet instant le changer en frère! Comme elle eût été heureuse, si elle avait pu le marier à l'une de ses amies! »

Le « Dis, je te prie que tu es ma sœur » de la très peu glorieuse déclaration d'Abraham mise en exergue à ce chapitre, pourrait malicieusement servir d'exergue à toute l'œuvre de Goethe prise dans son ensemble. L'empêchement majeur, mis ainsi d'emblée à la consommation du couple, n'y est pas mis uniquement pour faire pleurer les belles âmes. Goethe, un peu plus tard, en fait une maxime de vie : « L'état de fiancé est le plus agréable qui nous soit accordé dans la vie civilisée », fait-il dire à la bienheureuse Macarie [1].

Les Années de voyage portent d'ailleurs en sous-titre « Les renonçants », et l'on sait que Wilhelm et Nathalie se sont imposé « des

---

1. In *Maximes et Réflexions*.

prescriptions » qui rappellent beaucoup le code de l'amour courtois. Il doit partir en voyage, ne pas revenir avant un an, et ne pas rester plus de trois jours sous le même toit. C'est une épreuve. Mais aussi un moyen de vivre l'un et l'autre chastement leur amour. Gœthe écrit à Eckermann : « La félicité contrariée, l'action *entravée* [1], les désirs *insatisfaits* ne sont point des *infirmités* particulières à un temps, mais celles de tout homme. Et il serait fâcheux qu'au moins une fois dans sa vie chacun n'ait pas une époque où Werther lui semblerait avoir été écrit pour lui [2]. » On ne saurait mieux décrire la castration comme condition humaine. L'important pour nous, lecteurs d'aujourd'hui, ce n'est pas que Charlotte soit la fiancée d'Albert, mais que Werther puisse ainsi parler : « Elle est *sacrée* pour moi. Tout désir *se tait en sa présence*. » Et, au moment le plus fort de sa passion, « c'est comme un mur de *séparation* qui s'est élevé devant mon âme ». Et, peu de temps avant de mourir, il écrit encore : « L'amour que j'ai pour elle n'est-il pas l'amour le plus *saint*, le plus *pur*, le plus *fraternel*. » Voilà l'idéal de Goethe : un amour fraternel. Aussi épousera-t-il une femme qu'il ne pourra aimer parce qu'elle n'est en rien une sœur, un autre lui-même; mais au contraire tellement étrangère qu'il n'a rien à lui dire. Et le fils légitime qu'il en aura restera loin dans son cœur, derrière les enfants illégitimes, ou orphelins, dont il se plaît à ordonner l'éducation dans son œuvre.

A l'époque de *Werther*, il n'a pas encore rationalisé son motif favori en faisant de l'abstention sexuelle le principe essentiel des exercices de vie des Renonçants; il ne sait pas encore que la règle d'abstinence n'a d'autre fin (consciente) que la survivance du désir. Plus tard, il écrira : « Quand je suis dans le désir, je recherche la jouissance, et quand j'ai la jouissance, je regrette le désir. » Le renoncement est donc au plus haut point intéressé. Il s'agit alors pour Goethe d'atteindre à un maximum de jouissance. L'homme est limité. C'est *sa condition*. A l'opposé de *l'Homme sans qualités* de Musil qui refuse toute détermination, l'homme goethéen

1. Les mots soulignés le sont par l'auteur.
2. Introduction de B. Grothuysen, dans La Pléiade, V. I.

accepte ses limites, nous dirions la castration. La société de la Tour a plus à voir avec les cours d'amour qu'avec une communauté spirituelle. Goethe reste, dans son fond, opposé au mariage et à la procréation. Ou plutôt il départagera ces deux fonctions; il y aura sa « Dame » et d'autre part sa femme. C'est que ses Renonçants sont marqués par la passion fraternelle refoulée, non reconnue. Leur éthique n'est que secondairement le fruit d'une sagesse pleinement libre. Goethe oscille entre ce que Lacan appelle « le service des biens », en l'occurrence pour lui le renoncement calculé, la chasteté intéressée; et d'autre part (à l'opposé) la découverte du désir absolu dans l'au-delà du bien. Aussi, tout opposé que le sage Goethe soit à l'Ulrich de Musil (il l'est encore davantage à la dure et pure Agathe), il n'en est pas moins comme lui, et comme les troubadours, asocial.

Sans doute peut-on dire que le modèle premier de l'amour courtois, c'est cet amour fraternel, en raison de la stérilité du couple et de sa chasteté, et aussi de la valorisation de la femme offerte perversement à la contemplation de l'homme impuissant. C'est ainsi que (la sexualité en moins) le décrit Hegel : « La relation sans mélange a lieu entre le frère et la sœur. Ils ont le même sang, mais parvenu en eux à son repos et à l'équilibre. Ainsi ils ne se désirent pas l'un l'autre; ils ne se sont pas donné ou n'ont pas reçu l'un de l'autre cet être pour soi; mais ils sont l'un à l'égard de l'autre de libres individualités [1]. »

Qu'il n'y ait *pas de désir* est plus que problématique. Mais il est vrai qu'aucun des deux ne sait qu'il a un désir , s'ils ont à peu près le même âge.

La chose se compliquera si l'un des deux est à mi-chemin de deux générations. C'est le cas de l'analysante dont j'ai cité la lettre et que j'appellerai d'un nom d'homme, Procuste, qui sonne pour

---

[1]. Cf. Hegel, *Phénoménologie de l'Esprit*, p. 18 s.

moi au féminin. Son frère a douze ans de plus qu'elle. Leur père est mort quand elle avait quinze ans et lui vingt-sept. Il a pris la place du père à la tête d'une très importante affaire familiale et n'a cessé de favoriser sa sœur au détriment d'une aînée, niée par l'un *et* l'autre. De désir entre eux, toutefois, il n'a pas été question. Ce qui n'empêche pas Procuste d'écrire, la veille de son mariage, à son frère, resté, lui, célibataire toute sa vie, les mots définitifs que j'ai rapportés et qui sont exactement les propos de la baronne à son frère, chez Goethe. Pour Procuste, ce propos s'est vérifié. Elle a connu beaucoup d'hommes. Mais, taille ou rajoute... ils n'étaient jamais à la mesure de son frère. A la mort du frère-étalon, et après tant d'échecs, elle a fait une telle dépression qu'elle n'a pu que reconnaître la véracité de cette ancienne et naïve déclaration qui a pris valeur de fatum.

Mais le propre des frère et sœur c'est d'appartenir à la même *génération*. Que tout s'embrouille et s'aggrave quand l'écart d'âge augmente, ne fait qu'indiquer mieux quelle est la pente naturelle de cette sorte d'amour : la sœur saute alors sur l'occasion pour mettre son frère à la place de son père. Il reste que s'ils sont enfants contemporainement, ils traversent contemporainement leur période de latence et l'un ne sait pas avant l'autre qu'il le désire; en outre, il n'est pas davantage capable de savoir qu'il désire *ailleurs*, comme c'est le cas dans les couples mère/fils ou père/fille (pour ne point parler des combinaisons homosexuelles, tout aussi virulentes). Bien à l'abri derrière cette ignorance, ils peuvent s'abandonner à leur amour, croient-ils, sans danger. Nous savons que les jeux érotiques enfantins et les réveils pubertaires ne vont pas sans tentatives de séduction. Mais le frère comme la sœur n'en restent pas moins persuadés du caractère sacré et pur de leur relation — leur innocence étant à la mesure de leur relative impuissance sexuelle. Ils restent donc un enfant l'un pour l'autre et, à ce titre, en quelque sorte *sacrés*.

Si l'Œdipe adelphique prévaut à la suite de la mort réelle du père par exemple (c'est le cas de Procuste), aucun des deux ne peut s'en libérer, précisément parce qu'aucun des deux n'est assez adulte pour désirer ailleurs (comme le père désire la mère) dans le temps où le plus jeune le recherche comme amant au sens platonicien du terme. A aucun moment, il n'y a dès lors résolution de l'Œdipe dont le lien adelphe est l'évitement [1].

Le frère et la sœur ordonnent le sexe par leur seule *opposition*, à partir de leur *ressemblance* postulée (même origine), en scotomisant une plus fondamentale *différence*. D'ailleurs, il n'est pas vrai qu'ils aient la même origine. Nés à des moments différents, ils sont nés de parents différents. Mais ils veulent leurs parents, tels des essences, immuables. Ils nient déjà la contingence de leur naissance respective. « Nous sommes jumeaux », s'écrie Agathe en dépit des cinq ans qui la séparent d'Ulrich. A partir de cette équation native postulée, ils développent un système d'oppositions et de ressemblances secondaires où se subtilisent la différence des sexes et le désir. Ce n'est pas vrai, que le sang y est en équilibre et en repos. Il y a seulement déni de la sexualité et amour idéal : le frère y étant, dans notre société, titulaire du génie; et la sœur, de la *beauté. Une manière de dire : frère/sœur, le/La, qui ne soit pas sexuelle.* Le masculin et le féminin à l'état pur, en soi, pourrait-on dire. On peut se demander comment un tel processus se présente dans un pays comme la Hongrie, où la langue ne permet pas de traduire un titre comme « Elle et lui [2] ».

C'est ainsi que la différence naturelle des sexes devient éthique dans le couple du frère et de la sœur, si l'on veut reprendre les termes de Hegel et son analyse : parce que la relation naturelle des membres d'une famille n'est pas éthique, non plus que les relations singulières des uns et des autres, et moins que tout autre la relation sexuelle; mais que, par contre, est éthique toute relation sublimée.

---

1. Cf. le commentaire que fait Paul Mathis du meurtre du chien qui hurlait à la mort près du cadavre du Père. C'est seulement après ces deux morts que le frère et la sœur de *l'Élu* ont pu consommer leur inceste (cf. ci-dessus note 2, p. 32).

2. Cf. la grammaire de Damourette et Pichon, Éditions d'Artrey, 1968, et plus particulièrement le chapitre consacré à la sexuisemblance.

Déjà, en effet, en tant que le/la, en tant que beauté et génie, le frère et la sœur trouvent chacun en soi tout naturellement leur « effectivité ». Ils n'ont pas besoin de faire un enfant — du moins le croient-ils. Le génie destine le frère à sa vie dans le monde, et la beauté destine la sœur à s'éterniser comme phallus du frère et gardienne de son phallus. Une façon de se consacrer à la mort. Antigone est pour l'éternité. C'est un mariage religieux que celui qui la lie à son frère; et même mystique, comme l'a bien vu Musil. En un sens, cette union nie la famille (à venir) et la société elle-même. C'est là sa contradiction. Mais comment un couple fraternel, quel qu'il soit, ne tomberait-il pas dans le piège? L'inconscient y est scotomisé au départ; le couple s'installe dans l'ordre symbolico-religieux tranquillement, pour la vie, sans se douter qu'un jour l'inconscient présentera sa note. Quelle économie, si c'était possible!

Ainsi parle-t-il, ce couple. L'un et l'autre ont la même langue et plus précisément les mêmes signifiants. Du moins, c'est ce qu'ils croient. Mais c'est là leur illusion fatale : cette entente parfaite sur laquelle Goethe et Thomas Mann comme Musil insistent, si parfaite (et comment n'ont-ils pas perçu la faille?) qu'ils n'ont même plus besoin de parler, de quoi est-elle faite? Plus besoin de parler en effet. Mais puisqu'il s'agit d'un amour parlé, de quoi cet amour va-t-il subsister?

Quoi qu'il en soit de leurs paroles, ils ne font pas l'amour, même s'ils ont joué un jour à le faire. Je ne m'occupe pas ici des cas tout différents où ils ont continué des années durant. Je pose que le propre de cette relation, c'est l'abstinence et que, s'ils ont joué dans l'enfance, ils se sont empressés de l'oublier. Ceux-là ont choisi d'être l'autre, au lieu de l'avoir, comme Goethe et Cornélia, selon la loi de l'identification, rappelée plus haut[1]. Le plus viril, à la fin du processus d'identification, n'est pas celui qu'on pense; c'est toujours l'autre, comme dans le mariage d'ailleurs. Antigone devient le héros familial, et Procuste mérite enfin son prénom d'homme. « Monseigneur », tel est le titre que le chevalier donne à sa dame, révérée, suzeraine, par un renversement, tout chevaleresque, bien sûr, de la relation [2]. Mais alors que devient le chevalier? un troubadour.

C'est à quoi conduit la contemplation. La contemplation de quoi? De la féminité parfaite? De la beauté? La dame se donne en effet, perversement, si l'on veut, à voir, suivant cette pulsion scopique dont nous avons dit qu'elle la gouverne [3] : elle donne à voir *rien* — mais, en se donnant à voir, elle fait entendre un appel.

Elle *est* la beauté, elle se veut belle parce qu'elle a peur. La beauté est un stratagème; c'est un voile qui la désigne ailleurs que là où elle est. C'est un *leurre*. Bien entendu, il n'y a aucune raison objective qui permette de dire que la femme est plus belle que l'homme. La beauté est tout simplement chez elle, fonctionnelle (à notre époque, dans notre société). Et cette fonction est celle du leurre. « Effet du beau sur le désir... C'est à savoir ce quelque chose qui semble singulièrement le dédoubler là où il poursuit sa route. Car on ne peut dire que le désir soit complètement éteint par l'appréhension de la beauté; il continue sa course; mais il a là plus qu'ailleurs le sentiment de leurre en quelque sorte manifesté par la zone d'éclat et de splendeur où il se laisse entraîner [4]. »

La beauté fait aussi *écran* et castre l'homme : elle peut être refus du désir de l'homme, meurtre; derrière l'image le sujet languit aussi bien, hors d'atteinte. Nulle part ce pacte mortel n'est mieux décrit que dans la poésie arabe [5]. L'amour udrite se fonde en effet sur un pacte : la femme, l'*Unique*, sera aimée jusqu'à la mort et

---

1. Gennie et Paul Lemoine, *Le Psychodrame*, Laffont, 1972 et cf. ci-dessus, p. 40.
2. Cf. Chantal Maillet, *Lettres de l'École freudienne*, n° 14, février 1975.
3. Cf. chapitre III.
4. J. Lacan, *Le Séminaire*, livre VII, *l'Éthique*, mai 1960, p. 14.
5. *La Poésie amoureuse des Arabes*, op. cit.

chastement; « la beauté de la femme nous incite à la chasteté ». Double subversion par conséquent, si l'homme qui désire toutes les femmes par vocation, y renonce pour l'unique.

C'est vrai aussi du pacte fraternel. Car cette relation « éthique » ne se fonde pas sur l'absence de désir, en dépit de ce que l'un et l'autre veulent faire accroire. Bien plutôt sur le refus d'y céder, sinon la relation serait non seulement vouée à la mort mais mort-née. Si le désir ne couvait quelque part, le jeu symbolique n'étant plus alimenté foirerait. Mais parce que le désir est là, puissant, le frère et la sœur tiennent leur géniale gageure : Nietzsche et sa sœur; Claudel et sa sœur (si réellement belle, comme seules certaines folles le sont, qu'il faudrait bien s'interroger sur cette beauté-là); Goethe et Cornélia...

Cornélia, de l'aveu même de Goethe, n'était pas à proprement parler belle; mais elle avait une telle « beauté morale que ses yeux en prenaient un éclat extraordinaire »; et toute sa personne exprimait une « profondeur » telle que son frère ne pouvait que « l'adorer ». C'était évidemment du reflet d'une âme qu'il s'agissait dans ce corps! C'était à peine un corps, encore qu'il fût « grand et bien fait ». Un reflet peut-il vivre longtemps? Cornélia ne plaisait pas aux garçons. Peut-être aussi se croyait-elle trop peu belle pour être femme. Pourtant Goethe la voulait belle, en dépit des démentis qui transparaissent même dans son dire. La beauté est un reflet, un voile, un écran qui cache la nudité de la femme. « Ne découvre point la nudité de la femme; elle *est* la nudité de ton père[1].»

Si la femme et l'homme se sont arrangés (un arrangement qui n'arrange rien, mais peu importe ici) en sorte que la femme *soit* le phallus et que l'homme l'*ait*, alors, la sœur se doit, pour son frère, d'être belle. Elle le lui doit, comme il lui doit d'être un génie. Ainsi elle voile le rien insupportable au bien-aimé; par pudeur, elle s'en revêt. La femme narcissique va plus loin, puisque c'est à elle-même qu'elle désigne ainsi et cache sa propre vacuité :

---

1. *Lévitique*, fragment commenté par Myriam Pécaut au séminaire « Féminité, grossesse, sexualité », 1974-1975.

aussi est-elle très malheureuse; cette beauté à laquelle elle veut qu'on croie, elle n'y croit pas; mais certes, elle y tient tout de même. A propos de la Girafe, vers qui cette réflexion me ramène, je dois ajouter qu'elle n'ose pas mettre de jupe. Elle voudrait bien, pour se montrer tout à fait féminine. « Mais, en jupe, j'ai le sentiment d'être nue », dit-elle.

Où l'on voit que la beauté est une *fonction*, c'est dans le dire de tous les analysants et analysantes (aux exceptions près dont je vais parler) selon lequel leur mère est belle. Il s'en faut que ce même dire nous présente un père toujours génial. Nous devons en conclure que la beauté de la mère *est* le phallus du père (et donc il l'a) et, en même temps, le voile qui cache au fils et à la fille la nudité du père. Quand par hasard la mère est laide (c'est le cas pour une analysante) et le père beau, rien ne va plus. Elle ne sait pas si elle doit choisir d'être *laide* comme sa mère ou *passive* comme son père. Par bonheur, le père était peintre, et l'analysante l'est devenue.

On sait quel marché le bel Alcibiade proposait à son vilain mais génial amant : le génie contre la beauté. Mais pour qui ne se laisse pas abuser, la beauté est aussi le dernier voile, la limite, au-delà de quoi il n'y a plus rien, que le désir de rien — le désir du désir.

Belle et *génial* sont des épithètes qui n'ont ici aucune réalité psychologique. Tout comme la mère *folle*, le père *malade*, le mari *petit* et l'autre *barbu*, (les membres de la famille paradigmatique de la fille narcissique) sont assortis d'épithètes de l'ordre des *bouillant* et des *sourcilleux* homériques.

Génie, beauté : arrangement entre frère et sœur, avons-nous dit; oui, pour éviter l'Œdipe et la castration. Bien entendu, c'est encore un Œdipe que l'Œdipe fraternel. Procuste fait, à la mort de son frère, le deuil de son père. Mais pourquoi ce deuil a-t-il dû attendre la mort du frère, et de ce frère-là? Aucun autre membre de la famille ne pouvait donc en mourant l'atteindre si radicalement? La mort de sa mère, survenue quelques années auparavant, l'avait laissée intacte.

117

Toute relation fraternelle permet un évitement de l'Œdipe et de la castration, que cette relation soit hétéro — ou homosexuelle. C'est elle qui fonde les communautés de hippies ou les communautés religieuses ou politiques. En ce sens Hegel, comme Goethe, comme Musil sont a-sociaux; ils nient la nécessité pour l'homme et la femme d'accepter la castration et leur désir d'homme et de femme pour atteindre au réel dans la séparation. Ils rêvent tous trois du couple comme un; or, ce couple-là appelle la mort. Le plus sage, Goethe, semble le savoir; mais le rêve est tenace et rigide comme du verre où serait prise son œuvre entière.

Pareille reprise de l'inceste fraternel dans une œuvre littéraire, fonde d'oncle à neveu le travail romanesque des Mann [1]. Plus précisément dans *l'Elu* [2], l'inceste commis par le frère et la sœur ne se produit qu'après la mort du père. Aussi bien le meurtre d'un chien par l'amant vient-il signifier qu'à travers la bête c'est le père qui est une deuxième fois mis à mort.

Ni le carnage, ni l'inceste toutefois ne sont l'équivalent d'une résolution œdipienne. Par contre la relation analytique, si elle est aussi de l'amour parlé, maintient durement la séparation. L'analyste signifie par ses interventions ou ses silences que son désir ne coïncide pas avec celui de l'analysant. En ce sens, cette relation, est très exactement l'inverse de la relation fraternelle. Non seulement il n'y a pas rencontre toujours déjà advenue, dans un passé parental mythique reconnu d'emblée par les frères comme fondateur; mais l'analysant apprend qu'il n'y aura jamais rencontre. Comme il n'y a jamais rencontre de deux désirs en un seul, parce qu'il n'y a pas de « rapport sexuel ».

La femme est fortement intéressée au mythe de la relation fraternelle, car il lui évite d'emblée la castration et la sauve de la division — apparemment! Elle retrouve une moitié, sa moitié. Aussi est-elle profondément attachée à ce culte. Le piège, quand le frère est réellement quelque peu un génie, est quasiment inévitable; la sœur a de quoi s'occuper, c'est-à-dire de quoi se remplir,

1. Cf. ci-dessus, note 2, p. 104.
2. Thomas Mann, *L'Élu*, Albin Michel.

elle qui était « vacante ». Un beau jour, elle découvre qu'elle s'est
« laissée avoir ». Qui la possède ? Elle n'est pas pleine en tout
cas, bien au contraire ; et à l'unité, si quelqu'un y atteint, c'est
peut-être le frère. Le frère la posséderait-il ? Mais alors elle se
réduirait à zéro. C'est ainsi que Cornélia qui « n'avait pas fait
son unité, ni n'était capable de la faire » (ainsi le décrète son
frère) meurt *prématurément*, tandis qu'Agathe se suicide.

Le frère constituant l'idéal — un idéal impossible, puisque de
toute façon une femme n'est pas un homme en vertu du postulat
qui fonde cette relation —, la sœur s'identifie à lui avant même
d'avoir su qu'elle pourrait éventuellement avoir un désir plus
fort que cet idéal. S'il écrit, elle écrit ; s'il peint, elle peint ; ou
mieux, il n'y a plus qu'une seule main pour écrire et pour peindre, l'un écrivant ou peignant par la main de l'autre. Ainsi s'abolit
toute différence. C'est à bon droit que la sœur considère que
l'œuvre de son frère est aussi bien la sienne. Ne sait-elle pas
mieux que lui ce qu'il a voulu dire ou faire ? Le voilà donc, cet
enfant du père, toujours refusé ; elle le tient : c'est l'œuvre du frère.
On connaît la conduite abusive de la sœur de Nietzsche à l'égard
de son œuvre. Mais elle s'en considérait de droit comme la dépo-
sitaire et — qui sait ? — l'auteur. Une seule main pour peindre ;
une seule main pour écrire, et — peut-être — un seul pénis pour
faire l'amour.

Point n'est besoin, pour expliquer cette identification mutuelle
(qu'il vaudrait mieux appeler mimétisation) et les effets meurtriers de la jalousie, de parler de *Reaktionsbildung*, de « formation
réactionnelle » (à la suite de Freud) : relation caractérisée par la
jalousie où « le rival devient objet d'amour par choix narcissique
du même ».

Le cas de Lavallée, exposé par Paul Lemoine [1], montre à l'évidence le processus à l'œuvre dans cette identification fraternelle :

« Sa sœur, la neuvième de quinze enfants que comptait la

---

1. Paul Lemoine, contribution au séminaire « Féminité, grossesse, sexualité »,
1974.

famille, est née alors que Lavallée avait un an et demi. C'est elle
qui apparaît comme la clé du drame de son identification féminine.
Il en est lui-même persuadé. « Si j'acceptais Lilette, j'accepterais
en même temps papa et maman. » Il s'agit pour lui de garder intacte
une place d'enfant désiré (faussement, puisque c'est par identification à sa sœur qu'il rencontre le désir maternel)... Il a fait une
nuit ce rêve : il est allé à la chasse et a tué un chevreuil; il a mis le
cadavre à la cave. Il l'a donc caché et se sent très coupable; coupable d'avoir tué papa et de l'avoir trompé profondément...

« La conservation du mort, sa mise en réserve ne sert à rien
d'autre qu'à assurer l'équilibre d'un sujet pour lequel ce qui
importe avant tout c'est de garder intacte une place. Il va pouvoir
répéter le même scénario indéfiniment sous des aspects tellement
clandestins qu'il n'y verra que du feu. Ce scénario, l'analyse l'a
révélé dernièrement, c'est l'enceintrement *(sic)* de sa mère et l'identification à cette mère : identification à la grossesse; identification
à l'enfant.

« Il me faut, dit-il, dès dix heures du matin, me remplir l'esto-
mac, être enceint. J'ai dû avoir le désir d'être enceint au moment
de la venue de Lilette.

« Il relate ensuite un cauchemar de jeunesse : il se trouve
dans un puits de merde et ne parvient pas à s'en extraire. Or
Lavallée s'étend encore maintenant sur un imperméable posé sur
son lit et il éprouve avec ravissement la chaleur de ses excréments [1]. »

Qui va à la chasse perd sa place et, pendant ce temps, le père
fait son travail dans le lit de la mère. Le cadavre du chevreuil
est aussi bien le père tué par Lavallée en intention, que le fœtus
dont il voudrait lui-même être enceint pour être auprès de sa mère
et dans sa mère à la place de son père, selon un processus d'identification régressif à la sœur (qu'il a *avalée*, lui, Lavallée).

Où l'on voit à nu le mécanisme de la relation fraternelle : il
s'agit pour le frère de débusquer subrepticement le père de sa

---

1. Cf. chapitre v, ce qu'il est dit de la « souille » chez Michel Tournier.

place auprès de sa mère et aussi de sa sœur. Si l'inceste fraternel « arrange » la sœur, il n'arrange donc pas moins le frère.

Les effets d'une telle relation fraternelle sont désastreux : semi-impuissance sexuelle, virginité prolongée puis éjaculation précoce; impuissance au travail, chez le frère, célibat pour l'un et l'autre. Désastreux aussi dans le cas où le couple (c'est un cas limite, dit Musil pour s'excuser) ne ruse pas et fait face à l'inceste [1]. Désastreux chez Antigone qu'il conduit au suicide. Il n'y a que dans la philosophie de Hegel et dans l'œuvre de Goethe qu'il est conçu comme parfait et même — chez Goethe — heureux.

Le couple de Macarie et de l'Astronome dans *les Années de voyage* est parfait entre les parfaits. Ils ne sont pas frère et sœur — du moins je ne crois pas me souvenir qu'ils le soient —, mais ils mériteraient de l'être. Donc, l'astronomie ou l'astrologie, Macarie la bienheureuse la possède de naissance. L'Astronome lui-même le reconnaît et il en arrive à cette conclusion que « non seulement elle portait tout le système solaire en elle, mais qu'elle se mouvait en esprit comme une partie intégrante de ce système », accord pour lequel Goethe crée un mot nouveau : « Symphronique ». C'est à peu près ce que sainte Thérèse d'Avila dit du savoir des femmes et de la science des hommes. Donc Macarie sait, en vertu de ce qu'elle est : partie intégrante de l'univers. Cela se traduit par le fait qu'elle est soumise aux mêmes lois qui font rouler les astres et règlent les mouvements du ciel.

Depuis que Perséphone, asservie par Hadès, fut forcée à de périodiques séjours aux Enfers, on ne sait plus si elle a ainsi suscité les saisons dans la nature ou si elle a obéi aux lois naturelles de la périodicité. Sa mère Déméter, du moins, n'était pas soumise à ces lois. Il n'y a jamais moyen, avec les mythes, de dénicher les causes, qu'ils subtilisent.

---

1. Encore qu'on ne puisse décider, à la lecture, si l'inceste est consommé ou pas.

En tout cas, la femme se trouve être biologiquement soumise à des cycles et quand un homme fait une identification féminine hystérique, c'est la périodicité qui sert de trait unaire. Je ne citerai ici qu'un cas — parce que le thème sera repris au chapitre suivant — celui que m'a communiqué le Dr Naquet au cours d'une conversation. Il s'agit d'un curé venu le consulter au début de sa carrière (« déjà longue, dit-il, et il ajoute : il faut croire que ce cas m'avait frappé ») pour un « mal de lune ». Il prétendait avoir une attaque tous les vingt-huit jours. Il s'agissait, semble-t-il, d'une épilepsie hystérique de forme féminine qui pourrait nous amener à poser que la périodicité en elle-même est chez l'homme symptomatique.

De par son appartenance, la femme en quelque sorte sait. Son désir, c'est d'être. Elle participe à la création. Mais c'est aussi en quoi elle est une fois de plus divisée. C'est le partage des femmes, leur souffrance et leur jouissance.

Pour l'homme, la ligne de partage avons-nous dit passe entre la femme et lui; et c'est elle, comme créature, qu'il interroge. La femme n'interroge pas l'homme. Pourtant Macarie a besoin de l'Astronome pour savoir qu'elle sait. En retour, la science de l'homme ne serait science de rien si elle ne rencontrait ce savoir.

On voit là combien aisément la sœur, qui était la beauté, peut — arguant de son savoir — prétendre à la science, et combien aisément se déclenche le jeu de l'identification par lequel elle s'octroie le phallus. Le frère est ainsi dépossédé sans que la sœur soit pour autant pourvue, sauf dans la société idyllique de Goethe. C'est d'une lutte à mort, au contraire, qu'il s'agit; une lutte que recouvrait un beau rêve. Mais tout sert à la femme pour éviter la castration. Comment aurait-elle laissé échapper ce frère? Comment ne croiraient-ils pas que la nature les a placés l'un près de l'autre tout exprès, dans une relation de convenance parfaite, en vertu d'une harmonie parentale préétablie — parentale et même cosmique — pour qu'ils s'unissent et pour que soit parfaite ainsi la création? Relation de type nostalgique et donc régressive; ses tenants ne parviennent pas à maturité.

Le vice de la relation fraternelle a son maximum d'effet chez les jumeaux qui peuvent être tenus pour les partenaires d'une relation fraternelle accomplie. « Deux années séparaient Klaus et sa sœur Erika, raconte Michel Tournier, pourtant une tournée triomphale aux USA en 1927 les fit connaître comme les jumeaux Mann. » De même Goethe et sa sœur, de l'aveu même de Goethe, se vivaient comme des jumeaux; et aussi Lucile et Chateaubriand, qui écrit : « On raconte l'histoire de deux jumeaux qui étaient malades ensemble, bien portants ensemble, et qui, lorsqu'ils étaient séparés, voyaient intimement ce qu'il leur arrivait l'un à l'autre : c'est mon hitoire et celle de Lucile, avec la différence que les deux jumeaux moururent le même jour et que j'ai survécu à ma sœur. » Avec cette différence, aussi, qu'il avait quatre ans de moins qu'elle et qu'ils n'étaient pas jumeaux.

Les frère et sœur se veulent jumeaux, en effet. La gémellité exprime l'idéal de leur relation [1]; les deux naissances y sont réduites à une seule. Toute différence historique est niée au profit de la simple opposition grammaticale frère/sœur. C'est l'opposition à la place de la différence. Qu'ils soient de même sexe ou de sexe différent ils s'y définissent d'emblée comme le/la : masculin/féminin; grand/petit, etc., sans que leur être respectif véritable soit le moins du monde engagé dans cette organisation. Autrement dit, le *lela* tourne à vide. C'est la relation anti-analytique par excellence, la relation symétrique parfaite, le leurre même.

Pourtant, la relation fraternelle, surtout la relation jumelle, place d'emblée le couple au-delà de cette limite où les liens naturels d'amour fournissent des alibis pour qui veut vivre au « service des biens », selon la formule déjà citée, par quoi J. Lacan caractérise toute morale intéressée, même la plus haute, dans la satisfaction et non dans le désir. En cela, cette relation est unique et, de fait, irremplaçable. Qui perd un frère n'a plus qu'à mourir après l'avoir enseveli. C'est ce que fait Antigone. Agathe est plus « sauvage », qui meurt après consommation de l'amour. Antigone,

---

1. Cf. le cas Philiberte, ci-dessus, p. 47.

elle, sauve un frère, unique, irremplaçable, de la dispersion, du non-lieu, de la mort asymbolique. « Après la mort d'un époux, un autre peut le remplacer », dit l'Antigone de Sophocle. « Après la mort d'un fils, un autre peut m'en donner un second; mais je ne peux plus espérer la naissance d'un frère. » Elle a pourtant d'autres frères. Il faut croire qu'au regard de celui-là, ils ne comptent pas. Et ne pourrait-elle vraiment pas en avoir un autre encore [1]?

Procuste ne dit pas autre chose. Elle a eu, il est vrai, deux maris et plusieurs amants. Mais elle n'avait que ce frère. Fussent-ils deux ou plus, chacun eût été irremplaçable comme étant advenu avant tout choix et tout acte personnel, avant le commencement (hors durée) de son histoire. Chacun — le frère et la sœur — libre l'un de l'autre, et pourtant liés depuis l'avant de l'histoire, puisque nés d'une même matrice et d'un couple présumé uni à cette fin.

L'Œdipe fraternel est plus difficile à résoudre que l'autre, mais aussi — à condition d'être porté à sa limite — fait-il aborder le sujet à cet entre-deux-morts qui va de la mort du désir à l'autre mort et qui est la dure loi de l'analyse. Anti-analytique donc, en tant que leurre, parce qu'il est alors au « service des biens »; mais proche de la résolution analytique en tant que leurre ultime, après quoi le désir du désir peut se mettre à durer [2].

1. Cf. J. Lacan, *op. cit.*
2. *Ibid.*

CHAPITRE V

L'hermaphrodite

> « ... Si quelqu'un m'avait dit que
> l'absence d'autrui me ferait douter
> de l'existence, comme j'aurais ricané!
> « ... Exister, qu'est-ce que ça veut
> dire? Ça veut dire être dehors,
> sister ex [1]... »
>
> *Vendredi ou les Limbes du Pacifique.*
> Michel Tournier.

Cette aspiration à l'unité — qui s'accompagne de mysticisme dans le couple frère/sœur [2] —, on en retrace parfaitement la manifestation, ou la racine, ou le modèle, dans les mythes (sait-on jamais avec les mythes?) mais aussi dans les religions où les jumeaux sont dieux; et, par ailleurs, dans l'hermaphroditisme. *L'échec du rapport sexuel au regard d'une réalisation possible de l'unité,* conduit l'individu à se satisfaire tout seul et à réussir la « coïncidentia oppositorum ». C'est la même coïncidence que tente de réussir l'hystérique quand elle fait l'arc : « La grande crise hystérique

---

1. « Ex-sistence », c'est l'orthographe que l'enseignement de J. Lacan conduit précisément à adopter.

2. En ce sens on peut dire avec Jung que l'inconscient est mystique. Encore ne faut-il pas aller jusqu'à croire en ce que disent les mystiques. Il faut *les* croire. Mais non croire *en* ce qu'ils disent : car c'est le fruit d'une expérience, et pour ce qui est de l'expérience, chacun la sienne. Je reprends ici, en la distordant quelque peu, la distinction lacanienne entre *y croire* et *croire en.*

évoque en même temps une manifestation coïtale bisexuelle »,
constate Freud [1].

Le président Schreber

Le président Schreber [2] — dans un tout autre registre, car lui
n'est pas hystérique, semble-t-il — dit exactement la même chose :
« Ce qui est exigé, c'est que je me regarde moi-même comme
homme et femme en une seule personne consommant le coït avec
moi-même. » Exigé : c'est Dieu qui exige. Il exige un constant
état de jouissance. Avant d'être exigence toutefois, ce fut pour
Schreber seulement une « idée », « imposée » comme du dehors
sous forme de rêve, ou de demi-rêve; idée ainsi libellée : « Ah!
qu'il serait beau d'être une femme et de subir l'accouplement. »
C'est le rêve même de la Girafe [3] et parfaitement symétrique.
Mais, ce n'est qu'un rêve. Mircéa Eliade nous rappelle qu'il a sa
contrepartie. L'hermaphrodite « représentait dans l'Antiquité
une situation idéale qu'on essayait d'actualiser spirituellement
par le truchement des rites; mais si un enfant montrait, à la naissance, des signes d'hermaphroditisme, il était mis à mort par ses
propres parents [4]. »

Cette « idée » qui s'impose ainsi au président Schreber, un beau
matin, et dont il ne désire à aucun prix la réalisation — (car ce qu'il
veut, c'est être un homme à part entière, un président : tout juste
ce que sa récente nomination à la cour d'appel de Dresde lui dit
qu'il est, le somme d'être) — depuis quelques semaines cette
idée prend corps jusqu'à amener dans son corps justement des
transformations en lesquelles il croit. Je dirai de lui ce que je disais

1. Freud : « Fantasmes hystériques et leurs rapports avec la sexualité », cité par
Rosolato dans *Les Liens du corps*, n° 3.
2. Toutes les citations du président Schreber sont extraites des *Mémoires d'un névro-*
pathe, op. cit.
3. Cf. chapitre II.
4. Mircéa Eliade, *Méphistophélès et l'Androgyne*, coll. « Les essais », Gallimard,
1962.

plus haut de sainte Thérèse : s'il y croit, je le crois. On ne peut mettre en doute la parole du président Schreber quand il somme, adjure les médecins et experts, de façon solennelle et répétée de vouloir bien venir constater les signes de la féminité qui affectent son corps : peau douce de femme, seins qui se gonflent et se dégonflent, buste féminin et réseau de nerfs de la volupté qui court sous la peau du corps tout entier, si bien qu'il éprouve cette volupté partout et non pas seulement dans l'organe sexuel et à son voisinage immédiat.

« Je me tiens prêt à tout moment à soumettre mon corps à tout examen médical que ce soit, pour que puisse être vérifié si mes allégations sont exactes selon lesquelles mon corps tout entier est parcouru des pieds à la tête de nerfs de la volupté, comme cela ne se rencontre que s'agissant d'un corps de femme adulte, alors que chez l'homme — que je sache — les nerfs de la volupté sont uniquement localisés à une zone circonscrite au sexe et à son voisinage immédiat. »

Je dirai même, qu'on aurait mieux fait de prendre en considération ce dire, qui met l'accent sur une différence entre la jouissance masculine et la jouissance féminine, non négligeable et surtout décrite là pour la première fois.

Léthé [1], qui tombait de son haut depuis l'arrivée de ses premières règles et *tombait* pathologiquement de sommeil à tout instant du jour, décrit sa jouissance en termes tout à fait semblables. « J'ai recommencé avec François. C'est merveilleux. Ce n'est pas que j'aie tellement d'orgasmes. Mais je jouis pendant deux ou trois jours après. C'est euphorique. Ça persiste *dans tout mon corps*. Pour mon mari c'est tout bénéfice. Enfin je suis bien tout le temps. Bien sûr il faut que je recommence à faire l'amour au bout de quelques jours... » Léthé a cinquante ans, trente ans de vie conjugale et de frigidité totale. Elle a découvert la jouissance avec des garçons qui ont l'âge de ses filles, et qu'elle rencontre à Vincennes où elle a entrepris des études en même temps qu'elle commençait une

---

1. Cf. chapitre III.

psychothérapie, après un sommeil aussi long que sa vie de femme.

C'est à plus de cinquante ans, aussi, que Schreber, pourtant époux heureux semble-t-il, est affronté à cette crise qui a tous les caractères d'une expérience mystique : *illumination* (au propre et au figuré), mutation ontologique et bouleversement dans l'ordre naturel de l'univers. J'emprunte ces traits à Mircéa Eliade qui écrit : « Quelques corollaires résultent de cette métaphysique pan-indienne de la Lumière et notamment : 1) que la révélation la plus adéquate de la divinité s'effectue par la Lumière; 2) que ceux qui sont parvenus à un haut degré de spiritualité — c'est-à-dire en termes indiens ont réalisé, ou au moins approché la situation d'un « délivré » ou d'un Bouddha — sont aussi en mesure d'irradier la Lumière; 3) enfin que la cosmogonie est homologable à une épiphanie photique [1]. »

Les rayons divins du président Schreber et ses soleils racontent la même histoire, et quand ils « pénètrent » son corps, ils lui donnent une « volupté d'âme qui... ne comportait aucune stimulation sexuelle proprement dite » et lui donnaient une « sensation générale de bien-être corporel ». Quand on le maintient viril, autrement dit quand on lui refuse l'éviration, on le condamne à la détérioration physique et à la démence : son « existence » (c'est le mot qu'il emploie) est menacée. Il s'agit donc pour lui, comme pour tout mystique, de vivre comme épouse de Dieu ou de mourir comme homme ordinaire.

La voie parallèle de l'identification sans copulation ne conduit pas toujours au délire mystique ou pseudo-mystique. A contrario, chez l'homme et la femme, dits normaux, la copulation ne va pas sans une sorte d'identification et de change de sexe. Dans le coït comme dans la couvade, ce que l'homme cherche à trouver, c'est peut-être la participation — naturelle à la femme — aux grands cycles, aux grandes périodes de la création. Fliess, on le sait, avait cru découvrir une périodicité masculine : 23 jours au lieu de 28

---

1. Mircéa Eliade, *op. cit.*

et Jean Guir [1] dit : « Ces phénomènes de périodicité ont incité Freud à transformer leur contenu en la notion diabolique de répétition qui aboutira plus tard à l'instinct de mort. »

Pour nous en tenir à la grossesse, tous les témoignages d'un Groddeck, confirment ceux de Schreber : l'homme a un désir de grossesse qui se traduit par un gonflement de telle ou telle partie du ventre, des vomissements et autres manifestations somatiques palpables. J'ai moi-même au chapitre II cité des cas d'identification à la grossesse, d'où l'on peut conclure que l'identification à l'œuvre dans le désir de change de sexe, désir de « se montrer » ou de « passer pour » comme dit Schreber, affecte réellement le corps de l'homme.

Ne savons-nous pas, en outre, qu'on peut voir à l'œil nu, dans certains cas, si un homme a fait une identification féminine ? « Vous portez votre mère là », dit un jour un thérapeute un peu chaman à Claude, en lui touchant la ceinture. Claude est gaucher ; il est tout rond et sa peau est si fine (comme celle de Schreber) qu'il s'écorche à tout bout de champ. Il émet alors des cris de femme qu'on ne s'attend pas à voir sortir de cet être, par ailleurs parfaitement à sa place d'homme dans la société. La voix, au double registre, trahit souvent cette incorporation féminine chez les hommes, on le sait. Pourtant Claude, pas plus que Schreber ne semble hystérique. L'identification leur sert tout juste de fausse cheville, comme effet en retour d'une rencontre avec l'Autre, manquée. L'enfant est alors appelé par l'homme comme par la femme, à venir occuper la place toujours vacante...

De tout ce qui précède, il résulte que, pour un sexe comme pour l'autre, l'enfant peut être ce qui vient à la place de l'Autre. Ce qui ne signifie pas qu'il y suffise. Car dès l'acte sexuel, pour ce qui en est de la castration, c'est joué. Ce qui apparaît en clair dans la symptomatologie des névroses et des psychoses, c'est l'envie de pénis des unes, en dépit de leurs protestations de haine ; et le désir de procréation des autres, en dépit de leur mépris de la féminité.

1. Jean Guir, *Exposé sur Fliess*, contribution au séminaire « Féminité, grossesse, sexualité », 1975-1976.

Ces motifs que nous fournissent les grands mythes se retrouvent dans les mythes « personnels » des névrosés. Tel ce conducteur de tramway hongrois dont parle J. Lacan [1], qui avait vécu comme un homme « tout à fait normal jusqu'à un accident et surtout jusqu'aux radiographies qui (auraient fait) éclater une hystérie traumatique à partir de quoi se découvrit le fantasme de grossesse qui dormait ». L'enfant, dans ce cas, était bien caché mais la radiographie l'a mis à découvert.

Groddeck considère que tout homme a un fantasme de grossesse, un « enfant caché quelque part ». Dans tous les cas, il s'agit pour l'homme de subtiliser l'Autre, en l'espèce la femme, pour la faire réapparaître sous forme d'enfant. Et voici comment le président Schreber décrit le phénomène. « C'est quelque chose d'analogue à la conception de Jésus-Christ par une Vierge immaculée, c'est-à-dire par une vierge qui n'a jamais couché avec un homme qui s'est produit dans mon propre corps. A deux reprises différentes déjà j'ai possédé des organes génitaux féminins quoique imparfaitement développés et j'ai ressenti dans le corps des tressautements comme ceux qui correspondent aux premières manifestations vitales de l'embryon humain; des nerfs de Dieu correspondant à la semence avaient été projetés dans mon corps par un miracle divin... Une fécondation s'était alors produite. »

Schreber paye cher ce désir forcené de mutation et Claude de même qui dit en clair qu'il ne se reconnaît plus et qu'il ne reconnaît jamais personne : « Je n'identifie pas les visages », répète-t-il. Et comme on pouvait s'y attendre, il est peintre. Je suppose que le monde lui est à chaque instant, comme jeté au visage dans sa nouveauté, justement parce qu'il ne le reconnaît pas.

Le président Schreber, lui, vivait au milieu d'une population de revenants. Dans les gens qui l'entouraient, il croyait reconnaître toutes sortes de personnes plus ou moins inventées, et qui mêlaient tous les pays, toutes les époques. N'identifier personne et identifier tout le monde à tout le monde; ne reconnaître personne et croire reconnaître tout le monde, c'est le même phénomène. D'ailleurs,

1. *Le Séminaire*, livre III, *les Psychoses*, inédit, 1956-1957.

Claude croit toujours avoir croisé X ou Y à l'instant dans la rue, et l'on peut être sûr qu'il se trompe.

Dans ce défaut de reconnaissance qui fait des autres « des êtres bâclés à la six-quatre-deux » sans réelle consistance, le sujet lui-même est pris. Il ne se voit pas. Claude se cogne partout et Schreber parle de sa faculté de se « dessiner » autre qu'il n'est; et, par exemple, il se « dessine » un derrière de femme, de façon à ce que Dieu, la nuit, ne soit pas trop déçu. Il affirme, avec la plus grande précision et la plus ferme décision, que ces dessins sont pour lui tout à fait convaincants, aussi réels que possible. Son analyse du dessin et du dessein est remarquable [1]. A propos de la reconnaissance, il convient, je crois, de rapporter ici tout ce que dit Schreber et qui introduit au développement sur le dessin/dessein. « Je choisis le cas très simple d'un monsieur que je connais et que je viendrais à rencontrer. A sa vue surgit tout naturellement et automatiquement en moi cette pensée : cet homme s'appelle Schneider, ou encore : voici Schneider. Or dès que cette pensée se trouve formulée, voilà que se mettent à retentir dans mes nerfs un " pourquoi donc " ou un " pourquoi parce que ". S'il fallait que quelqu'un se mît, dans le cadre des relations habituelles qu'entretiennent les gens, à poser ce genre de question à une autre personne, il est vraisemblable qu'il s'attirerait cette réponse : pourquoi? En voilà une question idiote, cet homme s'appelle Schneider, voilà tout. Et pourtant mes nerfs ne peuvent pas et ne pouvaient pas se contenter d'adopter la solution simple consistant à écarter de la sorte ces questions. La question de la *cause* [2], tout à fait étrange d'être posée dans ce cas, happe mes nerfs dans une sorte d'engrenage mécanique et ceux-ci s'épuisent en répétitions incessantes... Si peut-être dans un premier temps mes nerfs sont amenés à faire cette réponse : eh bien cet homme s'appelle Schneider parce que *son père* [3] lui aussi s'appelle Schneider, ils ne peuvent trouver d'apaisement dans une réponse aussi triviale. Et s'articule alors

---

1. Cf. *Les Mémoires*, p. 191 et 694.
2. C'est moi qui souligne.
3. C'est moi qui souligne.

toute une série de démarches, de recherches sur les fondements et l'*origine des noms de personnes* [1]. »

Le changement de sexe est donc directement lié à l'impossibilité de prendre le nom à la suite du père; et Schreber choisit alors de remonter à l'origine des noms, c'est-à-dire à celui qui, par un acte de génération spontanée, aurait engendré le premier homme, sans passer par l'autre, la femme, la copulation. A partir de quoi Schreber parvient à systématiser son délire; il trouve la solution simple qui consiste à se laisser pénétrer par Dieu pour engendrer une nouvelle race. Pour ce, il doit devenir une femme. L'ennui est que le tour de passe-passe revient en boomerang. La femme, il l'avait; c'était son épouse et un amour réciproque les unissait. Il lui restait donc à devenir Dieu et ce n'était pas plus difficile que de devenir femme. Mais c'est précisément (devenir lui-même Dieu) ce à quoi il n'avait pas le droit, ce à quoi il ne *pouvait* se permettre de prétendre. De son côté, sa femme ne *pouvait* lui donner d'enfant vivant — un fait, et qui a l'air d'être contingent. — Il ne *pouvait* donc non plus devenir père de cette façon-là, tuer son père en quelque sorte de cette façon-là. Enfin, son père incarnait la loi dans son absolu; et ne *pouvait* donc mourir.

Toutes ces impossibilités à quoi se heurtait Schreber s'éclairent, me semble-t-il, à la lumière de l'enseignement de J. Lacan. Schreber ne peut ajouter le *I* en plus que l'affrontement réel à son père lui eût permis de marquer, constituant du même coup la suite des nombres et des noms de sa généalogie. Faute de ce *I* en plus, les généalogies et les siècles s'écrasant, se confondent dans la synchronie et Schreber se trouve aspiré vers le zéro qui précède toute origine, toute suite numérique. Comme il ne peut raisonnablement accepter d'être un zéro et comme il ne peut se sacrer *Primo Motore* et *Primo Fattore* pour les raisons que j'ai dites, il ne lui reste d'autre place à occuper que celle de la femme, auprès de ce Premier, postulé hors création.

Le tour de passe-passe consiste très précisément dans le contour-

---

1. C'est moi qui souligne.

nement de l'Œdipe. Il s'agit encore ici d'échapper à la castration, de *ne pas attenter au Père*, qui, comme Dieu, incarne pour Schreber la loi et à ce titre demeure intuable — et d'engendrer sans engendrer tout en engendrant, puisque, nous l'avons dit, son couple est privé d'enfants. En quoi l'on peut dire en écho à Freud que « l'inconscient c'est le destin ». Ici je me contenterai de reprendre le résumé qu'a fait Myriam Pécaut du livre de Reik [1] : « Les rites de la couvade s'accompagnent d'épreuves au cours desquelles des blessures sont infligées au père par les membres de la tribu, formes atténuées, selon Reik, de la dévirilisation, substituts de castration. Dernier avatar, semble-t-il, de la relation du père au nouveau-né, cette épreuve du sang révèle toute l'ampleur du drame qui se joue pour l'homme à la naissance d'un enfant, drame qui met en jeu la question même de son existence... Car ce dont il est question, c'est bien de savoir qui mourra ou qui mourra le premier, du père ou de l'enfant. Renoncer au pouvoir qu'a le père, dans l'absolu, de détruire l'enfant, ne peut être que l'effet d'une profonde mutation qui ne va pas sans le détour d'une symbolisation : celle de l'instauration d'une succession de générations. Abraham, en suspendant le meurtre de son fils, accepte que l'enfant ne meure pas avant le père... »

A tourner l'obstacle de la castration, Schreber manque de *nouer* les « ronds » de l'Imaginaire et du Symbolique [2] par une traversée du Réel qui leur donnerait consistance. De là que son univers imaginaire flotte, suspendu à sa seule croyance. L'imaginaire, qui nous donne à contempler (à nous et à Kant) le ciel étoilé au-dessus de nos têtes et la loi intérieure au-dedans, dans un consensus ratifié par le bon sens, suscite deux soleils au lieu d'un aux yeux de Schreber ; une vallée remplie d'une végétation luxuriante ou un désert, suivant son humeur, et à l'intérieur, des morsures insupportables ou la volupté, selon la fortune d'une guerre sans merci. De tout cela, il est seul, absolument seul, à connaître.

La traversée du réel, c'est cette mort que nous encourons à

---

1. Th. Reik, *Le Rituel, psychanalyse des rites religieux*, Paris, Denoël, 1974.
2. Cf. *Le Séminaire* inédit de J. Lacan, *RSI*, 1974-1975.

seulement accepter de reconnaître que l'Autre (et singulièrement le père pour le fils) nous empêche de vivre parce qu'il est là. Il ne suffit pas de se substituer au Père, ou de prendre sa place, ou de prendre la place d'un grand-père, comme on faisait paraît-il dans certaines tribus où le fils ne recevait un nom qu'à la mort du grand-père, comme s'il devait attendre qu'une place fût vacante pour être reconnu vivant. Il faut remplacer ce principe de la substitution par celui de la génération [1], reconnaître qu'il n'y a pas toujours un nombre égal d'êtres humains, une fois pour toutes, mais qu'il convient de se soumettre au temps et d'admettre cet un en plus qui survient, qui vient faire nœud, le nœud de la castration et de l'existence. Il y a bien la mort, mais elle est pour tout le monde, pour le père comme pour le fils, à l'exception peut-être du Père de la Horde primitive, cet être mythique dont il est dit qu' « il faut toujours qu'il y en ait au moins 1 » qui n'accepte pas la loi phallique, pour qu'il y ait « des tous » qui en connaissent.

Il ne faut pas s'étonner que cet Autre qui fait naître le un à une certaine existence, si ce qu'on a appelé l'Œdipe n'est pas résolu, une femme ni personne ne puisse en faire office. L'Autre sous tous ses avatars sera alors toujours manqué et la vie sexuelle compromise. Aussi Schreber retourne-t-il à la pulsion la plus indifférenciée : être pénétré, absorber, vomir, chier, le tout par l'office de rayons qui peuvent l'emplir de Dieu comme de Fleschig, son médecin. C'est ce qu'il appelle être une femme. C'est du moins ce que devient un homme quand il veut se changer en femme : un psychotique.

Schreber ne pouvait prendre la place de son père parce que celui-ci était pour lui le Père non castré; il ne pouvait proprement pas être président en dépit de sa nomination; il ne pouvait donc être Dieu, d'aucune manière. Il ne lui restait qu'une place, celle de de l'épouse de Dieu, dût-il pour cela sacrifier sa femme bien-aimée; ce qu'il fit.

---

1. Cf. Claude Lévi-Strauss, *La Pensée sauvage*, p. 205.

Toutefois, le miracle dont il parle tant, c'est proprement cette extraordinaire *volupté* que le délire lui procure, « tout bâclé » qu'il soit à mon avis. (Je reprends ici dans un autre contexte un terme qui lui est cher.) S'il n'éprouvait pas pareille volupté — toute féminine en effet — les souffrances auraient raison de lui. Mais surtout, il ne pourrait *croire* à sa mission, à sa vérité. L'état paradisiaque, ça ne se refuse pas.

Terre-Fleur

C'est un jeune analysant de dix-neuf ans qui m'a éclairé sur l'état paradisiaque de Schreber. Terre-fleur m'a été adressé par un médecin acupuncteur, avec qui il faisait du yoga, après un délire de huit jours et un séjour en clinique. C'est tout ce que je savais de lui quand j'ai vu arriver ce grand garçon mince à la peau blanche, aux yeux de biche et au long nez juif : une tête et un corps de Christ; un sourire de femme; beaucoup de déférence dans l'attitude; une belle voix. Vierge, comme je l'appris bientôt, et facilement amoureux de jeunes filles à qui il parle aussitôt de s'engager pour la vie et qui doivent nécessairement présenter de hautes qualités intellectuelles.

Terre-fleur méprise son père et ses trois frères. A son père il reproche aigrement de n'être pas écrivain, ni philosophe, ni musicien (violoniste, par exemple). En résumé, « c'est un con ». Il est commerçant et voyage beaucoup à l'étranger. Il a des amis intelligents que Terre-fleur admire. Les frères sont bruyants et « complètement cons ». A sa mère, il ne reproche rien. Elle fait tout bien. Elle est intelligente et elle a du goût. Où l'on voit qu'il partage l'humanité en deux : les hommes d'un côté, méprisables; et les femmes, dignes de toutes les dévotions. Mais il a un idéal d'homme (le professeur de philo, ami de son père) qui est celui-là même qu'il voudrait devenir, alors qu'il n'est que médiocrement doué pour cela et que sa « maladie » lui rend le travail difficile

(« ses frères l'empêchent de travailler, bien entendu, ces crétins ! ») et il se trouve que la plupart des filles qu'il rencontre et qui voudraient bien coucher avec lui ne sont pas intéressantes « intellectuellement ».

C'est exactement une jeune fille de cette sorte qu'il rencontre au bout de quelques mois de thérapie (je ne dis pas que ce soit le résultat de la thérapie absolument). Il couche donc avec Zizi, qui est laide et qui n'a pas froid aux yeux. L'événement semble le marquer assez peu ; sans doute parce que Zizi n'est pas sa dulcinée qui — si belle ! — reste hors d'atteinte. Mais surtout parce que la chose advenue avec une femme, reste bien pâle au regard de son bonheur de délirant.

Il m'a parlé de son délire assez vite, au bout de trois séances, se doutant d'ailleurs que j'en savais quelque chose. Ce délire est survenu à la campagne, où ses parents ont une maison et un jardin ; Terre-fleur s'y sent parfaitement bien. Il ne fait jamais aucune critique, aucune reproche à ce lieu, à cette terre, à cette maison aménagée par sa mère. Il y cultive avec amour le jardin, soigne les arbres, se promène, va rendre visite aux voisins, etc. En un mot, c'est le seul endroit où il semble qu'il puisse vivre ; bien que, sa mère étant étrangère, c'est dans le pays de sa mère qu'il rêve d'aller.

Son délire donc, est survenu à la campagne, mais après un séjour à l'étranger où déjà « il s'était senti bizarre ». Il était venu finir là ses vacances, seul, comme il lui arrivait souvent, en week-end ou autrement. Je répète qu'il y est toujours très heureux, passionné par ce qu'il fait et en bonne forme physique. Cette fois-là, on l'a retrouvé errant — on, c'est-à-dire des voisins —, fortement amaigri et ne sachant plus ni le jour, ni l'heure présente, ni le lieu. Perdu en somme. Mais heureux.

Il est revenu fréquemment sur ce délire. C'est lui qui a prononcé le mot, et aussi le mot de mysticisme à ce propos. Quand il m'a dit qu'il voulait retourner à cette maison de campagne mais qu'il avait peur, même après une année de thérapie et de succès (il a passé son baccalauréat alors qu'il avait échoué l'année précédente ; il a couché avec une fille ; il fait des projets de formation intellectuelle, professionnelle, manuelle, à Vincennes), je lui ai demandé pourquoi il avait peur, puisque ce délire était si agréable. « Oui, je sais, dit-il, bien des gens m'ont dit que c'était merveilleux de connaître un état pareil et il y en a beaucoup qui voudraient bien y arriver [1]; mais à la limite je mourrais de faim. Je ne dors plus je ne mange plus, je ne sais plus quand c'est le moment de faire ci ou ça. Je ne sais même plus qui je suis. Alors j'ai peur. » D'ailleurs il maigrit, quand il traverse ces états-là, jusqu'à n'être plus que l'ombre de lui-même. Il préfère donc se faire « suivre » par quelqu'un (moi, en l'occurrence); faire chaque matin sa gymnastique pour fortifier son corps (au cas où l'esprit faiblirait), manger aussi hygiéniquement et rationnellement que possible pour ne pas maigrir, ni faire de diarrhées; enfin il se donne des coups de trique pour être en état de travailler dur, de lire, de réfléchir, de préparer ses examens, parce qu'il est orgueilleux et qu'il veut arriver. *Donc, pas de délire.* Dans la mesure où il le peut, il ne se le permet. Toutefois, il se tâte : est-ce que vous ne croyez pas que je suis assez fort maintenant pour... ?

Pour quoi? Qu'est-ce qu'il me demande? Car c'est d'immersion, de fusion qu'il s'agit. Il manque à sa béatitude d'être cautionnée par Dieu et étayée par un nouvel ordonnancement de l'univers pour que Terre-fleur ne meure pas de son délire. En l'occurrence, ce serait plutôt une déesse de la végétation qui le cautionnerait. Il lui manque donc de pouvoir le systématiser, ce délire.

Vendredi

C'est une œuvre littéraire, une fois de plus, qui va éclairer pour nous un cas clinique : du délire de Terre-fleur, nous passons au *Vendredi* de Tournier [2]. Mais avant d'en venir à *Vendredi*, je tiens à rapporter un propos tenu par Michel Tournier lui-même, à la

---

1. Je n'ai pas parlé de ses côtés paranoïaques, faute de pouvoir tout dire, ce qui, pourtant, serait nécessaire.
2. Cf. *Esprit*, n° de décembre 1967, compte rendu de G. Luccioni sur *Vendredi ou les Limbes du Pacifique* de Michel Tournier, Gallimard.

radio, dans le courant du mois d'août 1975, en réponse à un interlocuteur qui s'étonnait de l'absence totale de femme dans ce
roman : « C'est au contraire un grand roman cosmique féminin...
la femme c'est l'île ; elle est la sœur, la femme, la mère, tout... »
Et à propos de son œuvre, il ajoutait : « Je crois que notre époque
est mystique. » Si l'on ajoute aux mots *grand roman cosmique féminin*
le mot *mystique*, on obtient une formulation complète de l'épopée
schrébérienne.

Il est bien vrai que l'île est la femme pour Robinson. La preuve,
c'est qu'il est jaloux de son compagnon noir Vendredi (lui, le rouquin) quand il découvre que les fleurs blanches de mandragore qui
poussaient sur la terre fécondée par son sperme, poussent un beau
matin rayées de marron, « « zébrées ». Preuve que la terre a été
polluée par le sperme de l'autre. Donc, la terre est une femme bien-
aimée et, couché sur elle, Robinson éprouve une volupté parfaite.
L'enfant qu'il aura — car lui aussi est travaillé par un désir de procréation — lui tombera toutefois du ciel ou du soleil, un beau
matin. Il ne sortira pas de terre. Ce sera un garçon roux comme lui
ou doré comme « un rayon détaché du soleil ». Un navire inattendu
le déposera sur la mer calmée... un enfant du Soleil-Dieu ; non un
enfant de la Terre : Jeudi, fils de Jupiter. La ficelle romanesque
peut se dire ainsi miracle. Si l'enfant n'est pas engendré par la
mère, il ne peut être que le produit du miracle, en effet.

La femme n'est pas absente de ce mythe romanesque. Mais en
tant qu'être mythique, précisément. Tout différent que soit ce
scénario de celui de Schreber ou de Terre-fleur, il s'agit pour un
homme de retrouver une volupté totale dans une communion
ou fusion ou abandon qui n'a d'autre fin que cette communion
ou fusion ou abandon. Quel est l'autre intéressé ? Il n'y a pas d'autre
intéressé précisément, sinon la terre, la nature, la création ou Dieu.
Il est notable que seul Dieu soit ici un partenaire masculin. Le
délire est heureux ; mortel toutefois.

Gilles Deleuze, dans sa post-face à *Vendredi* [1], décrit le phéno-

1. Cf. aussi in *La Logique du sens*, Éditions de Minuit, 1969.

mène dans les mêmes termes que Schreber : « La conscience n'est pas seulement devenue phosphorescence intérieure des choses, mais un feu dans leurs têtes, une lumière au-dessus de chacune, un " je volant ". Dans cette lumière apparaît autre chose, double aérien de chaque chose... C'est cela que le roman excelle à décrire : dans chaque cas l'extraordinaire naissance du double érigé. » On ne saurait mieux dire; et l'explication que donne Deleuze vaut pour Schreber comme pour Robinson. S'il y a délire, c'est qu'autrui présidait à l'organisation du monde des objets et aux relations transitives entre ces objets, et qu'il n'y préside plus.

L'absence d'autrui, la forclusion du signifiant qui l'eût fait subsister, a pour conséquence que l'univers bascule dans un monde où le sujet souffre mille supplices insupportables contre lesquels, nous l'avons vu, il construit son délire paradisiaque, quand il y parvient. Et s'il n'y parvient pas, il se construit lui-même comme il peut, avec quelque part en lui ce trou, camouflé, obturé, bâti, maîtrisé, à la façon de Terre-Fleur [1].

Robinson passe par le crépuscule inquiétant et la débâcle d'une fin du monde où « tout est implacable » et tout « blessant », selon le schéma de la psychose relevé par J. Lacan. C'est qu'il refuse d'en passer par le détour d'autrui pour structurer le monde. Il élargit le trou au lieu de le bâtir, et il éternise sa jouissance. Il devient un « Robinson de Soleil dans l'Ile devenue Solaire ». C'est un Schreber qui gagne la partie et entraîne la création à sa suite. « Son but final c'est la rencontre de la libido avec les éléments libres, la découverte d'une énergie cosmique ou d'une grande Santé élémentaire... » Robinson est jeune pour l'éternité.

A quoi bon alors un enfant ? Le bonheur élémentaire ne suffit-il donc pas ? « Autrui est indispensable, mais il peut être remplacé », écrit Michel Tournier. Jeudi se trouve donc là par miracle, pour

1. Et aussi à la façon de *Perceval le fou* (autobiographie d'un schizophrène, publiée par G. Bateson) et de toute une catégorie de sportifs qui ne veulent pas laisser le mal passer dans leur corps et croient ainsi le museler. Traduit de l'anglais par Monique Manin, Payot, 1975.

remplacer Vendredi qui a trahi Robinson et s'est embarqué sur le Whitebird. Et si le miracle n'avait pas eu lieu ?

Le roman est un miracle continu : juste au moment où le Whitebird, faisant intrusion dans le monde de Robinson, lui ramenait la maladie et le temps, et menaçait ainsi d'emporter l'innocent insulaire dans le « tourbillon du temps dégradant et mortel », un enfant lui rend l'immortalité.

L'homme enceint

Jacques Lacan souligne que le désir de procréation est « au fond de la symptomatologie de Schreber ». Certes, puisqu'il se veut mère pour être père, comme Robinson. Mais c'est un tour de passe-passe qui ne réussit que dans les romans et les mythes.

Claude Lévi-Strauss découvre l'universalité de la procréation masculine dans *l'Homme nu* [1], du moins en ce qui concerne l'Amérique. « Le motif de l'homme enceint occupe en Amérique du Nord une aire considérable... la diffusion en Amérique du Sud paraît encore plus vaste... » Il s'agit toujours d'un démiurge qui n'a pas de femme et qui « cache » son enfant dans son genou ou son coude, sous forme d'abcès par exemple. Ou bien *il se fait* l'enfant en enfonçant son pénis dans son coude. Sans doute serait-il aisé de trouver ce même motif dans d'autres continents.

Ce même motif de l'homme enceint se retrouve chez Groddeck ; il comporte forcément une forme de procréation d'où la femme est exclue ; et un désir de créer, ou de recréer l'univers ou une nouvelle race.

Et même, si l'on en croit Eschyle, c'est contre la femme que l'homme entend ainsi œuvrer.

> « Tu as défait l'ancien partage
> Tu as trompé par le vin les antiques déesses »,

1. Claude Lévi-Strauss, *L'Homme nu*, Plon, 1971.

dit le coryphée à Phébus Apollon qui veut sauver en Oreste le meurtrier de sa mère et le vengeur de son père. Que répond Apollon?

> « Une mère n'est pas l'enfanteuse de son prétendu fils
> Elle est la nourrice d'un germe dans son sein.
> Le saillissant engendre et en étrangère elle garde
> Le rejeton pour cet étranger, à moins qu'un dieu
> ne les frustre. Je vais en donner pour preuve
> qu'on peut devenir père sans qu'il y ait de mère.
> En témoigne ici cette fille de Zeus Olympien
> qui n'a pas été nourrie dans la nuit d'un ventre.
> Aucune déesse n'enfanterait pareille fille [1]. »

Victoire du père contre le matriarcat; instauration d'un ordre nouveau qui n'est pas celui du sang. Une femme, Athéna, parce qu'elle est fille du père, se déclare pour les hommes et fait pencher le vote en faveur d'Oreste. C'est donc l'alliance d'une femme passée du côté des hommes, qui achève la défaite des femmes. On se croirait en plein meeting :

> « Je donnerai à Oreste mon suffrage
> car je n'ai pas eu de mère pour m'enfanter.
> J'approuve les hommes en tout et de tout cœur
> sauf pour me marier. Je suis tout à fait pour le père.
> Je n'ai pas égard à la mort d'une femme
> qui a tué son mari, le maître de maison [2]. »

La fille du Père, sortie tout armée de son front, aime les hommes, mais reste vierge.

Toute l'histoire ancienne et la nôtre sont faites de ce combat : *loi de la Mère ou loi du Père? Et l'enfant est l'enfant de qui?* Si Oreste est gracié, c'est la preuve qu'en versant le sang de sa mère, il n'a versé qu'un sang étranger. Quant à Clytemnestre, elle ne devait pas faire périr son mari. Telle est la loi du père, de Phébus Apollon, du Soleil, de Zeus qui devient tout.

---

1. *Les Euménides,* « Les tragiques grecs », La Pléiade.
2. Eschyle, Sophocle, *Les Euménides,* « Les tragiques grecs », La Pléiade.

« Zeus est l'éther. Zeus est la terre. Zeus est le ciel.
Zeus est le tout et plus haut que tout cela [1]. »

R. Dreyfus, auteur de l'introduction à l'édition de la Pléiade,
ajoute en note qu'il est également question dans les Héliades
d' « une coupe d'or... dans laquelle le Soleil traverse l'Océan,
fuyant les profondeurs de la Nuit sainte aux chevaux noirs [2] ». Le
« continent noir » ne date donc pas de Freud ; ni la divinité du soleil,
de Schreber ou de Tournier.

Deux ordres, donc, deux lois. A la fille la loi du Père ne laisse
que le choix hystérique de l'identification au phallus et la virginité.
La loi de la Mère est double. Perséphone est vouée à l'homosexualité féminine et au viol ; mais l'exemplaire Penthésilée offre une
autre voie à la fille de la Mère : Homosexuelle, certes elle l'est ; et
les hommes ne sont pour elle et ses amazones que des proies dont
elles jouissent pour les rejeter aussitôt ; mais quand la flèche
d'Achille traverse d'un seul trait Penthésilée et son cheval, la
clouant à sa bête dans la mort, il découvre en même temps que c'est
une femme ; ce que c'est qu'une femme. Il a la révélation de l'amour
et peut renoncer à Patrocle. Seulement, Penthésilée est morte [3].

Dans la version de Julien Gracq d'après Kleist, c'est au contraire
Penthésilée qui met Achille à mort, le livrant à ses chiens sauvages
et à ses éléphants. Puis elle découvre la blanche poitrine du guer-
rier qui était venu sans armure et le mord jusqu'au sang. Elle ne
peut survivre à cet acte : « Je ne suis plus la loi des Amazones...
je vais avec celui qui est là. »

Dès le moment où Achille a vu Penthésilée, il n'a plus pu se
battre : il a mis bas les armes, au propre et au figuré. Et dès le
moment où Penthésilée a contrevenu aux lois des Amazones en
choisissant Achille parmi d'autres et en l'aimant, elle est devenue
folle. Ce qui a fait éclater sa folie, ce n'est pas la forclusion du nom

1. Distique cité par R. Dreyfus et emprunté à Clément d'Alexandrie (cf. note 2).
2. Eschyle, Sophocle, introduction et notes par Raphaël Dreyfus, « Les tragiques
grecs », La Pléiade, cf. note 2, p. 141.
3. Quintus de Smyrne, commenté et présenté par Sainte-Beuve.

du père donc, mais la survenue d'un homme réel. La psychose est un effet de la forclusion, mais elle n'apparaît que lorsque apparaît aussi *dans le réel* l'objet d'amour annulé par la forclusion : ici, l'homme que Penthésilée ne peut reconnaître, et elle redevient chienne. Nous voici ramenés à la folie des femmes. Penthésilée, outre qu'elle meurt, paie de sa folie le refus de la castration et la révélation de l'autre réel.

Pour la femme, comme pour l'homme il n'est pas de salut, hors la castration symbolique. Mais si la loi du Père l'emporte, le sort des fils n'est pas plus heureux; car l'Autre, que le fils ne peut affronter dans le père, c'est aussi cette femme, dont il ne veut pas d'enfant.

Il est remarquable que cet autrui que le père, petit drapier falot et éternellement enrhumé, n'a pu faire surgir pour Robinson, face à sa puissante mère et qu'il a perdu irrémédiablement en la personne de sa jeune sœur quand elle est morte, retourne sous les apparences de cette sœur lors d'une dangereuse hallucination. C'est alors seulement, après cette vision dangereuse mais merveilleuse (musique céleste, beau navire, danses et apparitions), qu'il fait la croix sur cet autrui, qu'il y renonce pour mettre à la place des doubles; celui qui lui est le plus opposé (Vendredi) et celui qui lui est le plus semblable, Jeudi, le petit rouquin.

On sait que le roman s'achève en une splendide apothéose que l'auteur qualifie d' « extase solaire ». Ah! que le président Schreber eût été heureux de lire pareil roman.

L'extase solaire, ni le voluptueux accouplement de l'homme et de l'Ile dans la « Combe rose » ne sont discutables, bien qu'inventés par un romancier. Pas plus que la volupté schrébérienne ou le délire heureux de Terre-fleur ne le sont. Mais que le processus de déshumanisation, dans l'union de l'homme et de l'élément, puisse avoir une issue heureuse, c'est tout autre chose. L'issue que nous connaissons dans notre société, c'est la folie. Il reste que l'autre face de la folie, c'est bien la jouissance totale, impérative, continuelle; et qu'elle apparaît comme féminine.

La femme, si elle était toute — pour paraphraser J. Lacan —

serait-elle folle ? C'est sur quoi bute ma réflexion à chaque tournant. Quant à l'homme, le prix à gagner pour lui est terrible.
« Plus près de la mort qu'aucun être humain, je suis du même coup
plus près des sources mêmes de la sexualité », écrit Michel Tournier
sur la jaquette de son livre. Il se dit aussi « suspendu entre ciel et
enfers, dans les limbes, en somme ».

L'éviration qui est imposée à Schreber, ou plutôt qu'il réclame,
rend mieux compte sans doute de ce genre de mort. Il s'agit d'une
sorte de démaillage de la pulsion génitale, et d'une redistribution
dans le corps tout entier du jeu pulsionnel. Schreber a le sentiment
que ses organes sexuels se recroquevillent et rentrent dans son
corps pour se transformer en organes féminins. Absurdement, il
doit renoncer ainsi à la pulsion partielle génitale — partielle,
puisqu'elle n'intéresse, chez l'homme du moins, que l'organe
génital — en faveur d'une béatitude totale. Pourtant, la pulsion
génitale dont la fin est la procréation aurait pu le combler. C'est
donc parce qu'elle est partielle justement, et partielle au premier
chef, qu'il ne peut s'en contenter, quitte à désorganiser tout
le système des pulsions afin de retrouver la totalité de sa
libido.

Dans le cas de Terre-fleur, la virginité dispense le garçon de ce
travail d'éviration. Sa béatitude est spontanée. Qu'il ait fait l'amour
un an plus tard avec une fille qui le désirait, ne l'a pas rendu plus
actif et ne semble pas avoir décidé l'amorçage de la pulsion génitale.
Sa virginité lui pesait et l'inquiétait ; il s'est senti réassuré. C'est
tout ou presque tout ; car, tout de même, il a pu faire l'amour.
Du moins il le dit, il l'a fait, encore que l'absence de désir ait rendu
la chose assez morne. Il le dit aussi. Il a un autre ton pour parler de
son délire. A quoi doit-il renoncer ? On ne renonce pas à la jouissance. Elle est « exigée », dirait Schreber ; c'est un impératif. Mais
précisément Terre-fleur y renonce. Il préfère devenir fort et faire
bien sagement toutes sortes de gymnastiques pour obturer ce trou
envahissant, pour se bâtir et le bâtir.

La souille

Le démaillage [1] de la pulsion génitale conduit forcément à la régression. Robinson et Schreber sont aussi précis l'un que l'autre dans la description de leur vie anale, et je ne sais lequel est le plus somptueux. L'épisode de la *souille* dans *Vendredi* est bien connu. Schreber est moins lyrique. Mais précisément, il trouve un ton qui ne manque pas de grandeur pour dire : « Quand, alors, sous la pression d'un besoin je décharge réellement... eh bien chaque fois cela s'accompagne d'un déploiement extrêmement intense de la volupté d'âme... C'est la même chose quand j'urine. » Mais il ne peut s'empêcher de reprendre le ton doctoral et fou, qui est celui en propre du « président », quand il ajoute : « ... signification symbolique de l'acte de défécation, à savoir que celui qui serait parvenu à une relation équivalente à la mienne avec les rayons divins pourrait se croire habilité à chier sur le monde entier. »

« Chier sur le monde entier », c'est le leitmotiv d'une chanson d'étudiants bien connue. Le « président » n'a pas le privilège de ce désir forcené d'effacer de la surface de la terre toute forme, de supprimer les anciennes traces et de noyer le monde des signes dans le fleuve de ses propres déjections; désir de faire du monde créé une souille.

La souille de Robinson a pour lui un sens beaucoup plus négatif puisqu'elle marque l'état au-delà duquel il ne peut se dégrader davantage, se détricoter davantage sans devenir, non pas tout à fait un animal car ce choix-là l'homme ne l'a pas, mais fou. De là, il reprendra son élan pour reconquérir l'île, la Terre, mais sans la femme. Robinson ne veut pas devenir fou. C'est en quoi il ne l'est pas. C'est en quoi Robinson n'est pas Schreber et n'est pas psychotique. Lui, en ses hallucinations, *il n'y croit pas* : sa sœur est morte; elle est bien morte; elle ne peut pas revenir sur terre. Et un homme,

---

1. Ce que j'appelle ici *démaillage*, et qui est l'équivalent de ce que l'on appelle en terme de technique analytique désintrication, est le processus pathologique même, quand il n'est pas l'effet du transfert.

même s'il s'identifie à sa fastueuse mère, *n'est* pas une femme
il ne peut pas *croire* qu'il *est* une femme.

Réciproquement : une femme n'est pas un homme fou.

Qu'elle est véritablement la portée de ces mythes et de ces
rites « remplis de ce que les ethnologues appellent des phénomènes
d'inversion : femmes au pénis diabolique qui se substituent au
partenaire habituel d'une parente; hommes perdant leur sang
quand leurs femmes sont pénétrées par un autre... travestissements...
dans le rituel [1] »? Je me suis référée déjà au petit livre de Marie
Delcourt *Hermaphrodite* [2] qui a valeur de démonstration en la
matière. Mais démonstration de quoi, sinon et seulement de cet
effort permanent d'identification, et de la reprise dans le rituel
d'un processus (dangereux?) à fin de conjurer le danger.

Que l'homme, pendant la grossesse de sa femme, passe par un
dangereux épisode de dévirilisation, c'est ce que nous avons vu
au chapitre II. Il fait piètre figure, en effet, à côté de cette puissante
mère naissante qui prend la place de l'épouse et plus encore. Si elle
a tout, le pénis en elle, le phallus (l'enfant), que peut-elle demander
encore à l'homme? Et, de fait, elle ne lui demande plus rien, ce
qui a pour effet d'annuler instantanément son phallus comme on
souffle sur une bougie. Il n'a d'autre moyen, s'il veut lui aussi
devenir à quelque titre le parent de l'enfant qui va naître, que de
s'identifier à sa femme par toutes sortes de phénomènes physiolo-
giques qui sont l'équivalent actuel de l'ancienne couvade [3]. Fémi-
nisation qui est aussi bien la conséquence de l'éviration momen-
tanée (ou son envers) que sa cause.

Une page de roman exprime au mieux la condition qui est ainsi

1. Propos tenus par Myriam Pécaut à l'occasion d'un compte rendu de l'ouvrage
de Théodor Reik, *Le Rituel, psychanalyse des rites religieux*, séminaire « Féminité, grossesse, sexualité », 1974-1975.

2. Marie Delcourt, *Hermaphrodite, Mythes et Rites de la bisexualité dans la Grèce
antique*, PUF, 1958.

3. *Op. cit.* Cf. aussi le *Couvade syndrom* de Trehowann et Colon, dont parle Ebtinger
(*Lettres de l'École freudienne*, n⁰ 4); et l'enquête menée par Muller, Ebtinger, Dancourt,
Renoux et Croufer sur « Le Père dans la préparation psychoprophylactique obsté-
tricale ».

faite à l'homme et le sentiment d'être « refait » ou d'être « eu » qu'il a si souvent [1]. Dans ce qui précède, la femme du protagoniste a constaté que la plus jeune de leurs filles avait eu ses premières règles; le père rumine, à cette nouvelle, un long monologue intérieur :

« La moitié du temps tu n'en (de règles) avais même pas du tout; chaque fois dix mois sans; quelle chance; tout comme un mec. A la place tu avais ton ventre, ce lent gonflement, ton substitut de pénis; mais il m'arrive de penser que c'est l'inverse : le pénis est un substitut de bébé; un misérable substitut, pensez donc : vous avez une érection de neuf mois de durée; voilà au moins qui vaut la peine! Ensuite un build-up de plusieurs heures et à la fin une explosion d'au moins un quart d'heure. Oh! pas besoin de vous raconter quoi que ce soit : ces gémissements, ces mains crispées, ta tête roulait à droite et à gauche; tes lèvres se tordaient; tu avais les oreilles brûlantes et puis après cette détente complète, parfois quelques larmes et cette, oui, *reconnaissance*.

» Et qu'est-ce qu'on a, nous? On tire un coup; quelle joie! quel bonheur! Te voilà riche comme un roi! tu chevauches dedans comme un caïd et que ce soit un coup en vitesse ou un truc qui traîne en longueur, tu en sors également flasque, raccourci d'une tête. Tu peux aller dégouliner ailleurs. Elle, entre-temps, elle a percé au moins deux ou trois fois, ou plus : une vraie dévoreuse de bite. Mais ce n'est rien encore : elle en garde quelque chose. Voilà leur secret : même quand elles n'y arrivent pas, qu'elles ne se déchaînent pas pour tomber dans les pommes, restant simplement " compos ", même alors elles peuvent en faire quelque chose; ça les fait produire et elles deviennent enceintes tout de même. Tandis que nous, nous avons toujours la même retombée. Quarante-neuf Danaïdes ont pu profiter de ce moment pour le coup de couteau. Ce fut au sommet de la montée qu'Achille reçut la flèche au talon; n'avait rien entendu, n'avait rien vu, n'avait entendu personne venir. Trop loin, tout à la besogne.

---

1. Maartje Luccioni, *Voie nugeen huis heaft* (« *Celui qui maintenant n'a pas de maison* »), traduction instantanée de la romancière, que j'ai gardée pour en conserver aussi le ton cru.

» La femme, par contre, peut-être reste-t-elle éveillée ; peut-être au contraire utilise-t-elle sa chance au maximum. Au fond, elle se trouve dans une situation idéale. Elle n'a même pas besoin comme Frédégonde de le rejeter de sa couche ; il est balayé par la même occasion. Et même s'il en sort vivant, c'en est fini pour lui... éjacule et meurs ! La paternité est une idée. Pater semper incertus. Ce sont des prêtresses sauvages. Elles sont comme dans des cubicles de temple et font ça avec le premier venu.

» Toutes les patriarchies sont une réaction contre cela, un effort jaloux pour obtenir le pouvoir sur ces ventres, l'autorité, étendre un long bras sur cette progéniture dont on cherche à établir la propriété physique par tous les moyens. Elles se prêtent au jeu ; cela s'appelle l'amour romantique où l'on t'assure par la parole, le regard et le geste que tu es le seul et pour elle, le seul possible. Mais j'avais beau mettre mes mains sur ton ventre, écouter les battements du cœur et quelques jours seulement avant l'accouchement arroser l'enfant de ma semence (ainsi les Esquimaux le croient-ils nourrir), jamais je ne pouvais y toucher. C'était un processus qui avait lieu en dehors de moi. Si plus tard nous pouvons jouer avec lui et le tenir, c'est par la grâce de la prêtresse. Je t'ai bien vue avec Jean, avec Colin, avec tous, quand tu ne savais pas que je te regardais. Te regarder, il m'arrive de penser que c'est là mon rôle dans ta vie ; d'être ton voyeur ; car aussi, lorsque nous couchons ensemble, spécialement alors, j'ai souvent le sentiment d'être un regardant de toi ; un gosse qui saute après un bonbon sans jamais l'attraper. »

Je donne cette longue confession comme un document entre autres ; elle est la version moderne des récits ethnographiques de couvades et elle exprime le même sentiment. C'est une mise à mort. Ainsi donc, s'il y a danger de psychose puerpérale et de dépression pour la femme, il y a danger de psychose et de dépression également ment pour l'homme. « Que la grossesse et la puerpéralité soient occasion de troubles mentaux est un acquis clinique, quelque opinion qu'on ait quant à leur étiologie ; mais que l'accession à la paternité puisse faire problème au point d'engendrer des troubles graves ou même mineurs peut d'abord éveiller le scepticisme et si nul ne doute que la maternité soit un moment capital dans l'évolution psychologique de la femme, l'étude du vécu normal ou pathologique de la paternité est curieusement négligée [1]. » Faire un enfant, pour l'un comme pour l'autre, ça ne va pas de soi, pour la bonne raison qu'ils sont à l'occasion affrontés une fois de plus, l'un comme l'autre, à la castration. Mais — une fois de plus — ils ne le sont pas au même moment, ni de la même façon. Il y a décalage et disparité quant au contenu : c'est la révélation de la perte qui rend la femme « folle » après l'accouchement. C'est la foi en ses produits de remplacement, qui fait délirer l'homme — que je ne dirai pas forcément fou pour autant : en quoi il est plus candide. Le change de sexe, en tout cas, encore que d'ordre symbolique, ne saurait réussir cette « coïncidentia oppositorum » qui est le rêve de l'hermaphrodite.

Peut-être est-il vrai que la vie de tout un chacun, homme ou femme comme le dit Fliess, est déterminée par les rythmes menstruels d'origine maternelle. Rythmes, cycles qui donnent à la femme dans son corps le sentiment de la durée, de l'Histoire. Clio est femme comme le faisait déjà remarquer Péguy. Mais précisément ils ont à liquider l'un comme l'autre une appartenance qui les engage très différemment.

L'homme, s'installe volontiers, même s'il a un rythme physique, dans l'éternité. L'immobilité du système masculin et son temps tout abstrait sont mesurés par les horloges. C'est sans doute pourquoi un des moments cruciaux du développement psychotique de Schreber est ce « trou dans le temps », ce moment « où les horloges du monde se sont arrêtées ». Terre-fleur, lui aussi vit hors du temps, dans son délire. « Le temps s'arrête, dit-il, il n'y a plus ni jour ni nuit, je ne dors pas. Ni d'heures de repas; je n'ai pas faim. » De même pour Robinson, qui n'aurait pas vieilli si l'irruption du White-bird ne lui avait brutalement mis sur le dos les vingt-cinq ans de son séjour dans l'île.

1. R. Ebtinger et M. Renoux, « Aspects psychopathologiques de la paternité », in *Lettres de l'École freudienne*, n° 4.

Les trous dans l'espace accompagnent le trou dans le temps. Aucassine dit que dans son délire, elle butait contre tous les objets et traversait les rues n'importe quand. C'est pourquoi on l'avait hospitalisée. Pour rien d'autre.

Le pouls, le cœur, la respiration suffisent, chez l'un et l'autre sans doute, pour fournir le modèle inaugural de l'encoche que le primitif marquait successivement sur le mur de sa caverne : I † I † I † I... etc., à chaque bête tuée. Mais si l'homme *compte* les coups, la femme est mémoire. Elle est *marquée*. Elle sait, par exemple, que chaque marque efface l'ancienne et pourtant s'y ajoute. Elle est donc à la fois le zéro toujours menaçant et le 1 en plus — et ainsi c'est à l'intérieur d'elle-même qu'elle fait l'expérience de l'Autre.

Il n'est pas possible de penser, avec Tournier, que l'Autre puisse être remplacé par un enfant-miracle. En tant qu'Autre, il exige d'être là en la personne réelle d'un partenaire, et ceci n'est pas contradictoire avec ce que je viens d'affirmer de la femme. Car si elle n'est pas toute, du moins peut-on dire aussi qu'elle est une femme et l'Autre. Aussi ne peut-elle se passer d'un Père ou d'un Époux ou d'un Enfant qui soit la personne réelle de cet Autre selon son partage. Mais elle le sait. Passant de la partition au partage, elle passe aussi de l'imaginaire au symbolique et fait l'expérience du désir de l'Autre. L'amour est son expérience propre et donc aussi la castration; tant il est vrai, comme le disent F. Périer et Granoff, déjà cités, que « tout amour comporte la castration ».

CHAPITRE VI

Beauté

« Mon dedans engendra mon dehors. »
Mary Barnes, *Voyage à travers la folie.*

La beauté, attribut homérique, ai-je dit. La femme est belle par définition, puisque si elle se sait ou se déclare laide, elle n'est plus une femme. C'est du moins ce que l'on entend en analyse, où ces propositions ne vont généralement pas l'une sans l'autre. Et ceci en dépit du fait, que selon la sagesse populaire, une femme laide a plus de tempérament qu'une belle. Une femme qui a du tempérament ne serait donc pas pour autant une femme ? C'est dire qu'une femme se définit dans notre langage et notre société par sa beauté, et non par sa capacité sexuelle.

Cette beauté-là s'est trouvée fournir au cinéma sa matière première et si consommation il y a, comme on dit à satiété aujourd'hui, c'est bien des yeux. Le cinéma consomme de la vedette et l'offre à la consommation du public. Certes, les femmes ne sont pas seules à se montrer à l'écran. Mais le mot « vedette » est du féminin et pour une fois, c'est le féminin qui l'emporte : les vedettes masculines sont, par la vertu même du phénomène, passées femmes. Qu'il y ait de grands films, qu'il y ait aussi des films conçus contre le principe même de la vedette, ce n'est pas douteux. Mais ce qui fait délirer les foules, ce qui les déplace, c'est la vedette. Il suffit pour s'en convaincre de penser aux photographies qui garnissent les placards des chambrées militaires ou les rabats des bureaux écoliers. Et, à même la rue, exposées, provocantes, on peut saisir au passage les mèches de Brigitte Bardot, les grâces penchées de Delphine Seyrig, comme — un temps — la bouche sanglante de Joan Crawford ou la joue pâle de Greta Garbo. Au demeurant la vedette n'a pas attendu le cinéma pour régner : déjà en un siècle lointain, la beauté d'Hélène faisait des ravages; et Charmides, — homme-vedette déjà — savait se donner à voir. Mieux qu'Hélène il répond à notre idée de la vedette, lui qui se faisait annoncer en tous lieux, avant que d'apparaître, par un essaim de regards tournés vers lui; si bien que Socrate ne pouvait le saisir, dans l'attente de son apparition, que déjà vu, déjà projeté, déjà objet de vision, déjà « dessiné » au sens où le président Schreber entend ce mot [1].

La peinture fut, avant le cinéma, la pourvoyeuse de formes. Pleine de visages et de chairs et de seins! Et, curieusement, la grande époque de la peinture fut aussi l'époque où le thème religieux fournissait ordinairement l'argument des tableaux. L'érotisme avoué a pris aujourd'hui cette place. Mais il n'y a rien de contradictoire dans ces déplacements : de la contemplation à la consommation, il n'y a qu'un pas; même si ce pas, il s'agit de ne le *point* franchir; et de la scène érotique à la scène religieuse, également.

L'amour des poètes udrites, nous dit quel est ce pas ou ce « ne pas » que la religion sacralise. L'objet d'amour, maintenu à distance et s'offrant à la contemplation, au seul regard, déchaîne chez l'amant poète la parole : la femme se montre, le poète chante. Tahar Labib Djedidi [2], dans l'ouvrage déjà commenté sur la poésie arabe reproduit ce passage d'un conte : « ... la fiancée... refuse de remettre sa chemise qu'elle a enlevée pour s'exhiber devant lui (le fiancé) et lui montrer qu'elle n'a pas de défaut. Elle lui dit : je ne la remets pas à moins que tu n'improvises une poésie ». Et Tahar Labib Djedidi explique : « La fiancée, étant femme, s'est définie par son corps. Quant à lui il devait s'accomplir dans ses vers. » Les comparaisons avec la poésie courtoise n'ont pas manqué : le poète contemple sa Dame et chante l'amour; il ne le

1. Cf. ci-dessus, p. 131.
2. Cf. ci-dessus, note 2, p. 94.

consomme pas. « Le rapport beauté/chasteté, remarque Tahar Labib Djedidi, est frappant. La chasteté n'est pas ici une transposition d'un sentiment religieux. Elle n'est pas l'expression d'une continence religieuse, mais celle d'un respect excessif *de la beauté ;* simplement, si Dieu est la Beauté, il y a isomorphisme. D'emblée, ce rapport est incompatible avec la vie immédiate; être chaste en présence d'une beauté (sexuelle), c'est renoncer au symbole même de la vie : le désir. »

Ainsi, *contempler la beauté de la femme et ne pas consommer l'acte sexuel, sont une seule et même chose.* C'est que l'amour de la forme est négation de l'autre en tant que sujet de désir. Un sujet qui est pourtant déjà là, et insiste. Seulement l'image fait écran, où l'œil bute sans atteindre l'autre : « Le regard ne peut atteindre cette femme impénétrable », dit le poète. Certes. Le regard qui met à distance, sûrement pas. Le regard ne saurait rien pénétrer. Il est toujours loin, l'objet de l'amour contemplé.

> « Parce que tu es loin
> mon regard me revient
> chaque fois que je le tends vers toi
> ramené par mes larmes abondantes. »

Cette dame contemplée et qui n'est jamais atteinte, est aussi l'Unique, comme la Dame du troubadour; et le poète udrite, comme le troubadour, ne peut que mourir d'amour.

> « J'ai juré de n'aimer que toi jusqu'au moment
> où la poussière de la tombe me couvrira. »

La beauté met donc l'objet du désir de l'homme à distance; mais maintient par là même cet objet dans son statut d'objet.

De même, sa propre beauté met la femme à distance de son regard, comme déjà l'image spéculaire. Mais puisqu'il s'agit de beauté propre, l'objet n'a plus le même statut. Nous avons pu noter au passage le peu de consistance du monde objectal chez la femme. Il est fréquent d'entendre de la bouche des femmes des propos qui ressemblent à ceux d'Aucassine [1]. Voici, par exemple,

---

1. Cf. chapitre III.

ce qu'écrit Marie Cardinal : « J'avais l'impression de partir, d'être soudain transportée loin de tout lieu et de toute chose. J'étais nulle part. Je revenais brusquement en touchant quelque chose par exemple. Puis les objets ne voulurent plus être touchés. J'étais comme perdue dans les airs, comme un fantôme ou comme dissoute; tout semblait m'abandonner. J'étais vide, j'étais absente, nulle part. Je n'étais qu'un objet. J'étais partie. Parfois il était très difficile de revenir parce que les objets familiers me semblaient différents. L'air avait changé et tout m'était étranger comme si je me trouvais sur la lune et n'étais qu'un objet [1]. » On ne peut mieux dire à la fois que les objets sont plus que des objets pour la femme, puisqu'ils sont garants de son existence; et qu'elle-même n'est pour soi qu'un objet, posé *ailleurs*. « J'étais encore enfoncée dans les objets », écrit Mary Barnes, lorsqu'elle raconte quelle fureur déchaîna le seul fait qu'une amie ait voulu lui emprunter sa pince à épiler. Même fureur si l'on déplaçait une de ses toiles. Ses objets étaient réellement siens, au même titre que son corps. A seulement les toucher, on déchaînait le « ça » c'est le mot qu'elle employait pour désigner sa fureur destructrice.

Gina Lombroso, elle aussi, parle très bien du lien intime qui lie la femme à ses objets; elle rappelle que son père, l'éminent criminaliste italien, ayant remarqué que beaucoup de femmes devenaient folles quand on les obligeait à déménager, avait prévu une loi leur conservant la propriété de leurs meubles en cas de divorce. Pour sa part Lacan a pu dire que la femme a aisément l'air égaré : sans ses objets la femme en effet est perdue. Philiberte [2] croit se rappeler qu'enfant, presque bébé, elle est revenue avec sa mère dans leur village natal, après la mort de son père, et s'y est perdue désespérément, jusqu'au moment où des villageois l'ont ramenée à la maison inexplicablement proche. Sans doute, dans son affolement, s'était-elle éloignée, au lieu de rester où on l'avait mise. Or, on dit d'une personne qui perd la tête, qu'elle

1. Marie Cardinal, *op. cit.*
2. Cf. ci-dessus, p. 46.

déménage. Jean Cayrol a fort bien su faire ainsi déménager son monde dans *le Déménagement* [1].

La relation objectale de la femme reste marquée de narcissisme, tout comme l'amour maternel; pour la bonne raison qu'objet ni sujet ne sont pour elle des catégories assurées. Mais a-t-on pensé à ce que serait un monde entièrement masculin, plein d'objets, s'il n'y avait la femme précisément pour rendre à l'objet la dignité de la « chose » (au sens de Lacan)? Il serait tout simplement plein de choses (au pluriel indéfini).

Choses avec quoi l'homme joue, comme il joue déjà avec son pénis. J'ai pu dire que la petite fille ne joue pas. Du moins le jeu féminin et le jeu masculin n'ont-ils pas grand-chose de commun. Il y a les jeux masculins et les jeux féminins; les analysants et analysantes savent très bien dire à quels jeux ils jouaient, enfants : féminins *ou* masculins, en dépit de, malgré ou contre, leur sexe. Jeanne, une analysante homosexuelle déclarée, ne jouait qu'à des jeux de garçons avec ses frères; elle aimait les billes et détestait les poupées; elle bricole, aujourd'hui, dans la maison; monte à l'échelle pour réparer l'antenne sur le toit; démonte les bicyclettes et s'active autour des moteurs de voiture. Celle-ci joue. Mais la fille avec sa poupée ne joue pas. « Pendant le tremblement de terre de Messine, écrit encore Gina Lombroso, on a vu des fillettes errer parmi les ruines et défier le froid et la mort pour retrouver leur poupée, comme le ferait une mère pour ses enfants. » N'est-ce pas l'histoire de Déméter recommencée? Elle descendait jusqu'aux enfers pour retrouver Perséphone. Déméter et Perséphone dont Kerenyi [2] dit qu'elles sont *une* « Double-Déesse », thème majeur de la féminité.

1. Éditions du Seuil, 1956.
2. C. Kerenyi, *Eleusis*, Panthéon Books, 1967.

I. LA MAISON ET L'IMAGE

La maison non plus n'est pas pour la femme ce qu'elle est pour l'homme ; car pour la femme, sa maison est tout simplement son intérieur ; le sien. Elle est la gardienne du foyer, selon Hegel, si l'on veut ; mais il y aurait plutôt là un phénomène d'invagination dans un espace sans couture.

La *maison* est pour la femme, comme pour Descartes, Merleau-Ponty, les mystiques et les poètes, mais aussi les enfants et les fous, l'objet des objets, « l'objeu » même [1] ; puisqu'il s'agit de construction et que ce jeu aboutit à un corps (de bâtiment, si l'on veut). Même s'il est vrai que c'est généralement l'homme qui construit, tandis que la femme aménage.

En tant qu'objet, la maison *se donne à voir*. Voici par exemple : je suis à ma table de travail près de ma fenêtre et, en levant les yeux, je vois, en face, une maison. Ainsi, *je* suis chez moi et c'est la maison qui est *en face* que je vois. Si je voulais voir ma propre maison, il me faudrait sortir. Je ne vois pas la maison que j'habite.

La maison n'est donc qu'une image. Mais qu'est-ce encore à dire, l'image d'une maison ? Ce que je vois, en face, c'est un mur, un tas de pierres. Mais qu'est-ce qu'un mur ? Une pierre ? Etc., etc. Nous pourrions en conclure que nous ne voyons que des définitions, non pas des choses. Mieux : on ne voit jamais la maison entière et elle n'a même pas une façade que puisse contenir le regard. Autant de « vues » que de points de vue. Davantage encore : d'autres auraient vu un toit là où j'ai vu une maison ; et d'autres « le ciel par-dessus le toit ». Et qui m'assure que cette maison n'est pas hallucinée ? En ce point, il convient de suspendre le jugement comme Freud et comme Descartes, et de ne pas se prononcer sur la réalité de la maison, et de ne pas fonder sur le jugement comme vrai : vérité et réalité sont les deux che-

---

1. Le terme est de F. Ponge.

villes d'un « système de pensée hérité et complètement érodé [1] ».

Qu'est-ce donc alors que voir une maison? On peut se contenter, dans un premier temps de dire : c'est dégager l'objet-maison à l'horizon, parmi les objets qui en construisent la perspective, mais qui ne sont pas elle. Et si la maison ainsi dégagée est plus un objet que le ciel, serait-ce qu'elle peut me servir? J'aurais donc choisi en fonction d'un intérêt tout pragmatique dans l'Umwelt comme on dit savamment. Pourtant, avons-nous remarqué, si j'entre dans cette maison pour l'habiter, je ne la vois pas. Pour la voir, je suis obligée de rester à distance. Voir une maison c'est donc aussi peu que possible l'habiter. Il nous reste à conclure que si je vois la maison, c'est que je veux la voir, tout simplement. Autrement dit : qu'elle est la forme la plus prégnante de mon désir, la plus pleine de désir.

A partir de là mais de là seulement, elle a sa vie propre, de forme séparée en laquelle nous voulons croire. En tant qu'objet vu, en tant que forme, elle peut être photographiée ou projetée sur un écran. Elle devient alors fascinante et me cloue sur place. A bonne *distance*. C'est le matériau spéculaire des arts de la vision. C'est pourquoi il ne faut pas confondre ce qu'on voit sur les écrans pour le plaisir de voir, et ce qu'on voit dans la rue pour les besoins de la vie; mais on peut aussi prendre plaisir à regarder ces mêmes objets de la rue qui, par ailleurs, servent. Il y a du spéculaire dans tout objet comme constituant de l'objet; mais d'autre part il est bien vrai que j'ai besoin que cette maison ait une réalité.

Ici, il convient de refaire le détour du stade du miroir [2]. Car nous y voyons s'ouvrir le hiatus qui met l'image à distance du sujet : image symétrique et inversée que la mère connaissait déjà, que le désir de la mère isolait déjà du fond sur lequel l'enfant bougeait. Voilà ce qui fait le fond et la forme, et non une structure inhérente à l'objet. Et telle est la fonction du double bien-aimé : intangible, il formalise; si j'y touche, il s'évanouit comme

---

1. J. Lacan, *Écrits*, op. cit., p. 73 s.
2. J. Lacan, *op. cit.*, p. 93.

apparition. Si je le concrétise — le bâtis en dur —, il devient un objet et perdure; mais aussi bien, comme ordure, il est voué à la destruction. Ainsi pour tout corps coupé de force de moi. Si je sais que la maison est mon double, mon visage projeté à distance, le même et un autre que j'ai vu un jour dans un miroir, je sais aussi qu'à chaque instant je dois la faire apparaître — mais aussi bien la saisir comme forme du désir de l'autre. La maison alors gagne et en réalité et en beauté et, quoique éphémère, elle s'éternise; quoi de plus émouvant que le combat de la beauté et de la mort sur un visage?

Pour que je voie mon visage dans le miroir et la maison dans le ciel, il faut et il suffit que par hasard ils se soient trouvés être la forme du *désir d'un autre*. Sinon pas de miroir, partant pas de visage; et pas de ciel, partant pas de maison. Il y faut en effet — miroir ou ciel —, l'écran tissé à partir du point de croisement (ou maille) entre deux désirs. C'est là, en ce croisement, que s'accrochent le peu de réalité des objets et leur beauté; je délire si je crois que cette forme, c'est moi ou quelqu'un ou quelque chose. Du délire narcissique à la joie, il y a ce peu de réalité.

Je résume :

1. La maison est à distance. La voir, c'est aussi peu l'habiter que possible. C'est ne pas l'habiter. Elle est alors vue dans l'espace que peut-être elle organise et oriente.

2. A l'intérieur d'où je peux sortir, puisque je peux y entrer, elle est vide comme le pot de moutarde ou le mot du potier laca-nien. C'est un cocon avec une porte.

3. C'est un objet intéressant la pulsion scopique. A ce titre, la maison vient après l'image spéculaire et après l'image de la mère (non pas historiquement toutefois). La substitution d'une image à l'autre indique bien qu'elles appartiennent déjà au registre du symbolique [1].

4. Elle est construite comme un « objeu », allant du cliché à

---

1. Cf. Winnicot, qui pose la nécessité d'un objet transitionnel dans *La Dynamique de la substitution*.

la forme du désir la plus indicible ou au simple rêve, comme la maison aux volets verts de Jean-Jacques Rousseau.

A partir de là, les questions se multiplient : la *vue* a une fonction décisive dans l'économie libidinale, fonction qui institue, constitue l'objet du regard dans sa réalité *d'objet*. Ce n'est pas une lapalissade; l'image n'est pas un pur fantasme pour autant qu'elle est l'image de l'Autre, que voit l'Autre et que réfléchit l'Autre. La vue se placerait donc au tournant de la *sublimation* puisque la sublimation marque le moment de la socialisation de la libido et c'est une pulsion partielle qui déciderait de la sublimation.

Il y a la couleur et — *a contrario* — le monde gris des schizophrènes et le noir de Mary Barnes. Or la couleur est espace, « invariant de l'espace », comme écrit Michel Serres. Le noir, quand il est négation de la couleur, si tant est, serait donc le vide. Quant au gris « quiconque a déjà mélangé des couleurs sait que s'il désespère de trouver le ton juste, la nuance qu'il faut, de bleu ou de vert, c'est la grisaille qui le guette : cette saleté mobile sur la palette qui mêle tout et fait tout s'annuler et qui ne peut même plus s'effacer parce que l'effacement c'est la grisaille elle-même » écrit Pierre Beaudry. Et il conclut « " la grisaille " n'est donc ni une couleur, ni une non-couleur mais le " presque ", le " quasi ", le " pas tout à fait " de la défection généralisée dans le manque à voir ».

Mais c'est de beauté qu'il s'agit ici. Entre l'image spéculaire et le beau, y a-t-il un pas à franchir? Et du beau à l'un, ou de l'un au beau? Le laid n'est pas regardable. L'infini non plus; le multiple non plus et même deux objets ne le sont pas. Mais l'un ne se laisse pas fixer. Où donc poser, reposer notre regard? Sur le corps? On a pu dire qu'il est « corps absolu » quand il devient objet de contemplation [1] : il semble qu'il ait à évacuer sa complexité

---

1. Cf. Chantal Maillet, contribution au séminaire « Féminité, grossesse, sexualité », 1974.

organique, son étendue et ses altérations et aussi son épaisseur, pour devenir matière spéculaire. Sa relation au visage ne va pas de soi non plus. Le visage n'est-il pas plus *un* que le corps ? Et les yeux, que le visage ? Et le regard lui-même, que les yeux ? Mais alors qui regarde quoi ? Léonard de Vinci ne trouvait pas le visage du Christ pour la *Cène*. Un trou à la place du visage. Nicolas de Stael peint toujours à la limite du trou ; il ouvre le passage à notre regard sur un objet dans l'espace, objet qui n'était pas là, un instant plus tôt ; et il est là comme au premier jour. Né comme par effraction, à la limite du visible et de l'invisible : Merleau-Ponty écrit là-dessus ce que de Stael peint, à la même époque.

Si la vue a une fonction déterminante, alors le caractère *partiel* de la pulsion aussi ; car le sujet n'atteint un peu de réalité que dans l'effraction, en utilisant une fonction à la place d'une autre et en intervertissant les objets de chacune : la pulsion scopique au lieu de la pulsion anale ; un objet à *voir* au lieu d'un objet à *quitter*. Si une pulsion pouvait être totale, elle atteindrait sa fin — la satisfaction — et elle manquerait son but, en l'occurrence le plaisir esthétique [1]. L'art est donc tout à fait nécessaire. « Le monde pictural est un mur, mais tous les oiseaux du ciel peuvent y voler librement... à toutes les profondeurs », écrit de Staël. Le peintre met les objets à plat pour créer la profondeur. Le mur pictural ne vient pas comme bouche-trou, mais pour offrir au regard *autre chose* que le trou noir de l'invisible privé de sens d'une part ; et, d'autre part, autre chose que le monde tout fait du quotidien ou de la science.

La sublimation pourrait se définir dans ce contexte, comme fait Lacan quand il écrit : « la sublimation élève l'objet à la dignité de la Chose », et « l'anamorphose est une espèce de construction faite de telle sorte que par une transposition optique, une certaine forme qui au départ n'est pas perceptible surgit dans ce qui est d'abord indéchiffrable [2] ». C'est exactement la définition de l'image

1. Cf. le trajet de la pulsion, ci-dessus, p. 86.
2. J. Lacan, *Le Séminaire*, livre XI, p. 75.

spéculaire (et celle de l'objet-maison) comme construction optique dans l'espace; et c'est celle de tout objet.

La forme, donc, construit. Mais elle construit en dur, ai-je dit; parce qu'elle construit dans le *réel*, même si le monde, par rapport à l'immonde, semble n'être qu'une image. Et même si la beauté du corps n'est pas dans le corps, elle s'inscrit dans le réel; et il ne faut pas entendre sublimation comme dématérialisation. De même, la contemplation du troubadour ne fait pas de sa Dame une créature éthérée, et de lui-même un impuissant. J'ai entendu un jour, par hasard, à la radio ces vers inoubliables d'un poète arabe :

> « Quand tu marcheras sur ma tombe
> De désir je déchirerai mon linceul. »

C'est de désir sexuel qu'il s'agit. Djedidi le répète avec insistance : la beauté suscite le désir sexuel en même temps qu'elle l'interdit, puisqu'elle est intangible. Mais l'œil n'a pas d'autre point où se poser. Il erre longtemps; Musil dit que « trouver beau, c'est d'abord trouver ». Mais l'objet du regard trouvé, ce dernier ne peut plus regarder ailleurs. N'importe quelle femme, n'importe quel corps ne peut faire surgir pour un sujet l'image belle. Il y faut la rencontre de deux *sujets*. Pygmalion était amoureux de sa statue et aujourd'hui l'histoire de *Monsieur Klebs et Rosalie* [1] redit le même amour. Mais c'est là un fantasme, et un fantasme bien masculin, que de réduire une femme à un magma de caoutchouc ou à un morceau de marbre; tandis que la femme fait chair le moindre bout de chiffon. Pour ce qui est de la sublimation, elle n'advient qu'entre chair et chair; sujet et sujet. L'Unique est celui ou celle de la rencontre la plus inattendue et la plus nécessaire à la fois : celle qui déclenche le coup de foudre.

Qu'une femme puisse être l'unique pour un homme, comme l'ont voulu les poètes, fait de cette femme l'objet absolu, comme elle est le « corps absolu », mythe idolâtre où le sujet propre s'abîme; tant vaut franchir le pas du mystique. Mais de même la femme qui fait d'un homme l'Unique est une mystique.

---

1. René de Obaldia.

Le double

Du moins trouve-t-elle — à faire de l'homme l'Unique — son compte, car voici que son image, quelqu'un la voit et la reconnaît. Elle n'a plus besoin d'y croire. Quel soulagement. L'homme, par contre, ne ressent aucun soulagement à être pour une femme le visage des visages; il n'est pas une image; il n'a pas de « figure [1] ». La femme ne le figure pas dans des œuvres plastiques comme l'homme l'a toujours fait d'elle. Et lui-même ne fait pas normalement de son image un double plus virulent que lui. Dans les cas de psychose masculine, le double est aussi persécuteur qu'il peut l'être pour une femme; mais je doute qu'on puisse trouver chez les hommes un cas aussi parfait et aussi exemplaire (dans la mesure où toute femme peut s'y reconnaître) que celui d'une analysante prénommée Bob : une jeune femme qui a une morphologie virile et un prénom usuel masculin. Son prénom d'origine et de femme est Lucette. Mais personne ne l'appelle Lucette, ni son mari, ni même ses parents. Lucette est seulement le nom de son double persécuteur. Lucette interpelle Bob incessamment et violemment. Elle l'injurie et lui reproche tout ce qu'elle est, au point de l'acculer au suicide. Qui est donc Lucette? Son double ou elle-même? Et Bob [2]?

Tel est l'objet pour la femme, d'abord : son *double*, son image spéculaire. Tout objet retient quelque chose de ce statut, et elle-même est pour soi un objet. Aussi est-elle forcée de le (se) parfaire, dans la mesure où il ne remplit pas sa fonction — qu'il ne remplit jamais — de complément dans l'édification de l'unité du sujet. La femme est ici pour elle-même Pygmalion et j'ai appelé Pygmalion la jeune femme de vingt-cinq ans, mariée et mère d'un petit garçon, qui n'avait d'autre passion que de se refabriquer. Employée modeste, elle avait su trouver les moyens et l'argent pour se faire remodeler le nez et le menton. Mais déjà, elle prévoyait que la trentaine allait amener quelques rides. Elle

---

1. Ph. Lacoue-Labarthe, « L'imprésentable », in *Poétique*, nᵒ 21.
2. Cf. Otto Rank, *Don Juan et le Double*; op. cit.

décida donc de les prévenir et de retourner dans une clinique pour les paupières et le cou — ce qu'elle fit. Mais elle ne s'arrêta pas là. Quelques années plus tard, elle n'avait plus un pouce de cartilage, ni même un centimètre de peau d'origine, si j'ose dire. C'est alors qu'elle quitta mari et enfant (l'enfant, elle le battait depuis toujours; et le mari était déjà quitté, non pour un amant mais pour elle-même); elle partit pour l'étranger avec sa nouvelle figure. Elle espérait sans doute recommencer ailleurs, incognito. Elle y devint folle et fut enfermée dans un hôpital psychiatrique puis ramenée en France. L'acharnement des femmes « à se refaire un visage » ou « une beauté », comme elles disent, n'a d'équivalent que l'acharnement qu'elles mettent à astiquer ou ranger. Il faut que ça tienne; il faut que ce soit regardable. Si ça ne tient pas (debout); si ce n'est pas regardable, c'est que s'ouvre, toujours menaçante, la fissure entre elle et ses doubles; et au-delà; le vide.

L'objet détachable

C'est cette image sans faille qui circule parmi les hommes et circulait comme objet d'échange dans les sociétés primitives.

Le pénis de l'homme, ni l'homme même, n'ont jamais été mis en circulation. Ce ne sont pas des objets d'échange. Le pénis peut seulement être volé à la façon du « pénis volant » dont il est question plus avant et qu'on peut voler puisqu'il vole : mais précisément, dans ce rêve, le pénis devient pour l'imaginaire féminin un objet séparé — ce qu'il n'est pas — et la femme peut dès lors se l'incorporer. « Elle imagine désormais que ce pénis lui appartient, écrit Lilian Rotter [1], et elle se sent en droit de considérer cette part du monde extérieur comme quelque chose appartenant à son Moi. » C'est là toute la différence entre un homme et une femme : le pénis n'est pas détachable.

Ce qui se détache par contre du corps de la femme, fèces, règles,

1. Lilian Rotter, exposé à la Société de psychanalyse hongroise, avril 1932, traduit par Ilse Barande dans la *Revue française de psychanalyse*, mai-juin 1975.

ou enfant, est une partie de son être. Quant à ses seins; ils ne sont pas de ces objets qu'elle perd; c'est pourquoi ils peuvent être l'équivalent du pénis. A la faveur de ce jeu de substitution entre objets détachables ou pas, se développerait peut-être, selon la thèse de Lilian Rotter, l'envie de pénis — pénis que la femme vit comme sien le temps du coït.

Pour l'homme, cet objet *non détachable*, le pénis, est par contre *figurable*. C'est sur ce modèle que se construit son monde objectal et son univers artistique. L'étrange est que, en passant dans le registre du construit ou du représenté, l'objet primitivement non détachable acquiert une autonomie que l'objet des pulsions féminines n'a jamais. Mais on peut le comprendre, puisque ce pénis, dont l'homme a peur d'être privé, n'est tout de même jamais *identifiable* au corps, ni à la moitié du corps : un homme châtré ne perd jamais la vie, comme on voit dans le *Porporino* de Dominique Fernandez [1]. Et même, il y gagne le chant. L'enjeu, une fois de plus, n'est pas le même.

L'homme peut donc se figurer son pénis; il peut aussi jouer avec, ou s'en servir, ou en jouir, ou même s'en munir; mais jamais il ne se confond avec l'objet (sauf cas pathologiques). La femme vient naturellement prendre pour lui cette place de l'objet qu'elle est déjà pour elle-même. Et l'homme alors joue avec, ou jouit d'elle, ou s'en pare comme du phallus.

On me dira que je retarde et que la femme-objet, c'est fini. Elle n'en veut plus de ce statut. Oui : mais ce vouloir doit encore s'enclencher en ce point où la pulsion scopique prend le pas sur l'analité. Chez la femme, la part d'elle-même qui choit si on ne la tient pas, la part caduque, c'est par excellence l'enfant. Mais l'enfant, elle ne le reconnaît jamais comme un corps étranger. Sur le modèle de cet objet premier (non dans le temps, bien sûr), tous les objets participent encore de la femme, après séparation. D'autre part, c'est par la vue que la pulsion scopique lui rend ce qu'elle perd. Comme le passage à la pulsion génitale n'a pas chez

---

1. D. Fernandez, *Porporino*, Paris, Grasset, 1974.

la femme le caractère décisif qu'elle a chez l'homme, elle reste gouvernée — comme nous l'avons constaté — par la pulsion scopique; plus longtemps et plus essentiellement. Et le risque demeure qu'elle s'enferme dans la structure narcissique.

II. MARY BARNES

D'où la difficulté de la femme à créer, même comme peintre. L'exemple de Mary Barnes montre comment se fait le passage. C'est avec sa merde (littéralement) qu'elle dessine ses premiers seins ou signes sur le mur de sa chambre, à Kingsley Hall. Mais déjà auparavant, elle la pétrissait et la sculptait. Elle dira un jour : « La sculpture est inanimée et cependant *entière*, complètement satisfaisante. » Il s'agit donc de donner à l'objet anal son statut d'objet un, fût-il inanimé. « De tous ceux dont j'ai entendu les discours, pas un ne parvient à ce point qu'il distingue la chose qui séparée de toutes fait l'art », dit Héraclite [1].

Dans ses descentes à peu près annuelles au fond de la folie, entre 1965 et 1970, Mary Barnes s'enfonce dans sa merde. Puis elle cesse de manger; elle ne peut plus se lever de son lit : « Au lit, je pénètre en moi pour la deuxième fois. » Elle y est sous une couverture noire. Les murs sont noirs. C'est une tombe et elle y tombe. Elle en sort *grâce* à son analité; elle jouit de transformer ses excréments en signes visibles « aussi purs que des caractères Zen », note son thérapeute, Joe Berke. Rezvani [2] ne parle pas autrement de la « trace », de la « griffe » que le peintre imprime dans l'espace, et il évoque aussitôt « le geste de l'enfant qui tend généreusement vers l'Autre ses excréments, barbouillant tout ce qu'il touche (le signant, laissant la traînée de ses multiples doigts sur les murs) comme ce premier homme-peintre marquant de son empreinte la paroi de la grotte-ventre ».

---

1. Cité par C. Ramnoux, in *Revue de métaphysique et morale*, 1974.
2. Rezvani, *Le Portrait ovale*, Gallimard, 1976.

Mary ne se couvre plus de ses excréments, ne s'y cache plus, ne s'y perd plus, ne se confond plus avec. Elle jouit de les voir, et dans l'enthousiasme de sa découverte, elle déborde sur tout Kingsley Hall. La communauté entière doit aimer ses puantes fresques; sinon, c'est qu'elle n'est pas aimée. Si elle n'est pas aimée, c'est qu'elle est méchante et qu'on la punit. Alors, il ne lui reste qu'à détruire choses et gens et elle-même. C'est le « ça » qui éclate. Sa bombe.

Mais Joe Berke aime ses peintures. Il aime Mary; il la baigne sans répugnance, semble-t-il, quand elle se couvre de merde et il est si fort qu'elle ne peut pas le détruire; elle ne peut pas lui faire de mal. Elle est donc bonne et elle a le droit de vivre et de peindre.

Les rechutes annuelles furent provoquées par la difficulté qu'éprouvaient les membres de la communauté à supporter ses débordements et sa violence; ils ne supportaient plus le « monstre de Kingsley Hall ». Il ne suffisait pas à Mary que son « dedans » devînt son « dehors », selon la phrase mise en exergue à ce chapitre. Il fallait qu'il fût dehors à proprement parler, c'est-à-dire regardable pour d'autres. C'est en ce point de non-retour — parce qu'en dépit des rechutes, il n'y eut plus simple répétition — que joua, de façon décisive, le maniement du transfert de Mary par Joe Berke. Et c'est en ce point que joue la sublimation scopique.

Il y avait une autre voie, pour Mary : la foi. Elle compare elle-même ses « descentes », ses « remontées », sa « nuit » et sa résurrection aux étapes mystiques de saint Jean de la Croix. Foi et folie sont presque le même mot. « Ma foi et ma folie sont les deux grands événements de ma vie. La folie mit à jour et révéla la foi qui était en moi. Traverser la folie est une purification qui me rapproche de Dieu, m'aide à Le mieux comprendre et à pénétrer plus totalement dans Sa *vision* [1]. » Elle s'identifie au Christ comme à Berke. D'autre part, sa foi passe par sa peinture. Elle se met à peindre des crucifixions et des résurrections.

---

1. C'est moi qui souligne.

Voici le récit fait par Joe Berke d'une séance de peinture :
« Un jour au début de l'après-midi, j'étais entré dans la salle juste
au moment où elle allait commencer un tableau. Elle avait cloué
de grandes feuilles de papier blanc — sur environ deux mètres
quarante de hauteur et quatre mètres soixante de longueur — contre
le mur faisant face à la salle à manger sans même un dessin préa-
lable, Mary prit un pinceau le trempa dans un ou plusieurs pots
d'un litre et en flanqua de grands coups contre le mur. En quelques
minutes des taches de couleur vigoureuses et pourtant délicates
recouvrirent un espace *grand plusieurs fois comme Mary* [1]. Puis
elle prit un pinceau plus petit et se mit à étoffer ses personnages.
Pas une fois elle ne s'arrêta, ni ne leva les yeux, mais, tout en tra-
vaillant, elle riait ou parlait avec tel ou tel personnage ou lui criait
même après (ou parlait en son nom : elle tenait tous les rôles à
la fois) dès que la présence de ce personnage s'imposait dans le
tableau. De temps en temps un sourire béat illuminait son visage,
on aurait dit qu'elle avait transcendé tous les problèmes et était
entrée dans une rêverie extatique.

» Léon entra, puis d'autres personnes. Mary ne remarqua rien.
Elle était complètement plongée dans son travail et en elle-même.
Personne ne parla. Un hoquet ou une toux venaient de temps
en temps interrompre le drame qui se déroulait sur le mur. Parfois
Léon montrait du doigt tel ou tel personnage ; et son interlocuteur,
ou un autre, hochait la tête ou souriait ou continuait tout simplement à regarder trop envoûté pour répondre.

» Une heure, deux heures passèrent, puis Mary s'éloigna de
ce feu d'artifice de couleurs déployé devant nous et s'écroula sur
le sol, épuisée. Elle avait fait revivre la Transfiguration du Christ. »

Il s'agit bien de transfiguration, en effet, et plus précisément du
passage à la figure. Les couleurs donnent maintenant la solidité
de l'espace aux signes. A partir de là il y a changement d'objet.
La mère est enfin déplacée. Il y a un dedans et un dehors, un sujet
et un autre, un sujet et des objets. Elle peut même se permettre

---

1. C'est moi qui souligne.

d'aimer sa mère. Enfin, la « séparation » (c'est le terme même employé par Joe Berke), advient, est advenue, quand Mary sort pour se rendre à son unique séance de psychothérapie hebdomadaire chez Joe Berke — au lieu de l'attendre à Kingsley Hall. Séparation dans et de l'espace, séparation dans et du temps.

Beauté phallique

Le corps séparé — le corps ainsi séparé — est déjà gouverné par la fonction phallique. Se mettre debout, au lieu de rester couché, monter et remonter : c'est la fonction phallique qui est à l'œuvre. C'est la fonction qui fait que le corps ne tombe pas en poussière, ne se défait pas en pourriture, ne se disperse pas dans la nuit mais reste entier et un, et visible : comme l'étron sculpté de Mary. C'est moins l'amour de la vie que l'amour de ce qui tient debout et nous tient debout et qui, de ce fait, apparaît.

La fonction *phallique* est spécifiquement celle qui fait aussi que le pénis *s'érige*. Puis il redevient mou : il tombe. Ce ne sont pas des métaphores. Comment se fait-il que ce pénis spectaculaire, ainsi dressé, ne devienne pas ordinairement objet de plaisir pour lui-même, mais soit l'instrument de la jouissance sexuelle ? et qu'il trouve dans la pénétration d'un autre corps son plaisir ? Et comment se fait-il que l'objet d'amour et de contemplation, c'est-à-dire la beauté, d'abord cause d'amour, glisse et laisse la place à l'objet (*a*) ? Ou bien peut-on dire que la beauté est objet (*a*) ?

L'homme n'est pas fasciné par l'image, avons-nous dit, et sa relation objectale est différente. La « séparation » est intervenue dès le moment de la constitution de l'image spéculaire. Mais pour captive que reste la femme de cette image, elle non plus ne peut trouver sa jouissance dans la fascination. Dans la mesure où elle reste captive de sa beauté, elle reste aussi frigide et passive... Passive puisque fascinée, précisément; sidérée et sidérante.

Cette beauté — signe que la matière ne tombe plus — n'est pourtant émouvante que dans une matière, un corps réels. Tout cela valant pour l'homme comme pour la femme. L'homme voit, tout comme la femme, d'abord. Et pour l'un comme pour l'autre, la beauté c'est la beauté du corps. Le signe, bien entendu, n'est ni objectivement fondé, ni universel : chacun le sien. Beauté à deux sous ou beauté rare, chacun a sa beauté pour quelqu'un; même le monstre : l'enfant est beau; l'adolescent est beau; la fille est belle, la femme est belle. La différence se retrouve en ce que l'homme est celui qui regarde plutôt qu'il ne voit. Et la femme voit plutôt qu'elle ne regarde. Elle a même des visions, comme il a été dit.

Et voilà pourquoi Philiberte était homosexuelle — ou hommosexuelle. Intarissable quand elle parle de beauté, Philiberte raconte : « Petite fille, j'ai aimé passionnément la beauté. Mais je savais que je n'aimais pas réellement les enfants beaux ni les amies belles; seulement leur beauté. Il m'était indifférent de les quitter pour les mois de vacances en juillet. J'emportais des photographies et elles me suffisaient. J'interrogeais longuement les photographies...

» ... Il m'arrivait, quand j'avais mon amie en face de moi, de regarder mentalement sa photographie; et même parfois pour la voir, il fallait que je me détourne; sa présence réelle me gênait. »

Et encore : « A cause de mon indifférence, de ce que tout le monde appelait ma froideur, il ne m'était pas venu à l'esprit que j'étais homosexuelle. Pourtant j'aimais déjà caresser ces visages : ils me troublaient; je pensais qu'il me suffisait de les reconnaître du bout des doigts; de les voir avec mes doigts. Mais où m'arrêter ?

» Je continue à penser que je n'aimais pas cette femme qui me fit franchir le pas de l'homosexualité et quand je ne la trouvais pas belle, je la trouvais laide. »

Oscillation où se vérifie la castration : « Quand je ne la trouvais pas belle, je la trouvais laide. » Qu'est-ce à dire ? Le laid n'est pas le contraire du beau, pourtant. Le laid, c'est le difforme, non l'informe; l'horrible, non le noir. Il est encore chose vue et non l'invisible. Il apparaît, tout comme le beau. Seulement, il n'est pas cause d'amour. Il viole le regard du sujet qui voit, encore que si celui-ci voit, c'est le signe qu'il regarde, qu'il est complice quelque peu. Voir et regarder à la fois s'appellent et s'annulent. Le sujet qui se donne à voir laid, viole le regard. Et ce qu'il donne à voir, c'est son besoin, non pas son désir; car le besoin est sans loi et sans castration, en quoi il détruit le désir. En tant que le désir est le principe du sujet, le sujet qui se donne à voir laid est lui-même détruit.

Mais précisément, en ce que le laid met à nu le besoin, il a une fonction. « Qui veut faire l'ange fait la bête »; qui veut faire la belle, et condamne son amant à la contemplation, fait la bête et ne montre plus que grimace. La bête avec ses besoins, sa faim, sa lèpre, se voit, détruisant la forme adorée. Dévoration et non plus contemplation. Mais n'est-ce pas la même pulsion retournée. Le laid est du même registre que le beau et l'expérience esthétique ne se soutient que de leur oscillation.

Le contraire du beau serait davantage la nuit et, dans l'expérience du beau, le trou qui se creuse à la place du visage. Aussi la beauté ne peut-elle se proposer comme un idéal. Cause de l'amour, elle l'interdit si elle se veut aussi son objet et sa fin. C'est en quoi elle implique la castration. Aussi le peintre renonce-t-il à faire le portrait de l'Unique, comme Léonard a renoncé à trouver la tête du Christ. L'aveu d'impuissance de Rezvani [1] condamnant « l'art cannibale » du héros du *Portrait ovale*, redit de façon exemplaire l'échec du peintre devant n'importe quel objet, aussi bien que devant une femme ou sa femme aimée.

Dans la mesure où l'homme regarde, puis contemple la femme, elle est pour lui, comme pour elle-même — plutôt que fantasme ou objet (a) — le grand O barré ($\varnothing$) : la chose barrée par son manque. Mais si elle n'est pas l'objet (a), la beauté s'y monnaye fatalement.

Dire donc que la beauté est ($\varnothing$) et non (A) ni (a), c'est dire qu'elle est constitutive de l'objet pour un sujet, jusqu'au point — nous allons le montrer — où l'Autre comme sujet résiste.

Objet et rien qu'objet, c'est-à-dire : rien, jusqu'en ce point.

---

1. Cf. ci-dessus, p. 165.

Et non pas l'Autre. Rien si ce n'est — et là réside le paradoxe — qu'il n'y a de beauté que d'un autre sujet. Aussi est-ce à ce titre de S ($\emptyset$) que la beauté est cause de l'amour; car elle révèle à un sujet la proximité de l'objet comme sujet, révélation imminente qui, dans l'acte sexuel, provoque la jouissance.

D'où il suit qu'il n'y a de beauté que de l'humain. Admirant les animaux dessinés par Frédéric Rossif pour une émission de télévision — dessinés bel et bien —, je me dis qu'ils m'émeuvent sans doute parce que le regard d'un homme me destine leur stupéfiante beauté et que c'est ce regard que mon regard rencontre. Mais aussi parce que le mouvement animal parfait est déjà, pour ce danseur qu'est l'homme — et pour lui exclusivement —, de la danse. Mon œil (ou celui de Frédéric Rossif?) suit l'échine de la bête, remonte jusqu'à la nuque, au museau et cherche le regard. Le regard animal est bouleversant en ce qu'il est opaque et en même temps vertigineux. Le désir tout pur animerait-il ce corps sans sujet. Ou le besoin? Le besoin bien plutôt. Mais l'homme est un être de désir. Le besoin l'horrifie, il maquille le besoin animal en désir et il fait de l'expression du besoin humain un fantasme.

L'animal ne me regarde pas comme je le regarde. Il attend des signaux, non des paroles; et nos paroles comme nos regards ne sont pour lui que des signaux.

A fortiori les choses belles; elles ne le sont que par l'effet de notre anthropomorphisme; car elles ne nous regardent pas. La beauté ou la laideur des choses et des bêtes sont ainsi l'affleurement de nos fantasmes et de nos phobies. Fantasme dit féminin : le chat; fantasme masculin : le cheval ou le chien; objet, l'un et l'autre, où cristallise la phobie du sexe opposé. Pénis-serpent; pénis-poisson; vache sacrée; araignée du sexe; insectes, méduses et monstres divers, tout cet arsenal se réduit à l'objet beau (ou laid) qui, déjà monstre, donne à voir l'objet du désir comme s'il était là. Même beauté que celle qui, attribuée à la femme, fait d'elle une bête et, attribuée à la bête fait d'elle une femme, comme on le voit par l'*Histoire d'O*.

C'est ainsi, en tant que beauté animale, que la femme est le fantasme de l'homme. Mais la beauté humaine, c'est tout autre chose. Je me rappelle avoir vu Brigitte Bardot photographiée à quatre pattes devant une niche à chien. Nous savons d'une façon certaine que Brigitte Bardot n'est pas une chienne, et *c'est pourquoi* cette image nous émeut, bien qu'elle ait été conçue pour alimenter les fantasmes masculins — et aussi bien les fantasmes féminins.

Mais ni la beauté ni la laideur fantasmatiques ne sont le sexe même. « Le sexe par pudeur se couvre », dit Nasio, et encore : « L'effroi de la Tête de Méduse ne s'origine pas de l'analogie avec le sexe poilu de la femme. Le sexe n'est pas traumatique. Il a fallu la représentation de la Méduse pour qu'il le devienne. Il n'y a de traumatisme qu'après coup [1]. » En effet, un bout de chair, ni un trou de chair ne sont beaux, ni laids, ni horribles. Ce dont le regard se détourne, c'est de la figure de la castration. Cette figure, c'est le regard du sujet qui la compose. Il ne la crée pas à partir de rien; mais à partir de l'instance du besoin dans l'autre. Un tel besoin trouve toujours son objet en une victime qui s'offre parce qu'elle est déjà victime dans son fantasme : mort par déchirure, dévoration ou engloutissement. La menace vise le sexe, déjà blessure, et porte la mort. $\$ \Diamond a$, cette formule du fantasme où, comme dit Lacan, « le sujet est en fading devant l'objet du désir », montre bien que l'objet du désir fantasmatique est un néant où se précipite et disparaît le sujet. Tout au contraire, la beauté laisse le sujet *à distance*; elle lui laisse donc aussi — pouvons-nous dire — sa chance.

Si elle le cloue sur place, fût-ce à bonne distance, si elle le sidère, si elle le pétrifie, elle redevient fantasme. Mais qui regarde alors [2]? La beauté se regarde elle-même; mais regarde-t-elle? Il est para-

---

1. J. D. Nasio et G. Taillandier, *Gorgonéïon*, traduction et commentaire de « La tête de Méduse » par S. Freud (travail inédit).
2. Cf. la communication de Didier-Weil au congrès de l'École freudienne à Strasbourg (mars 1976) et sa conception d'une « relation imaginaire à quatre temps... tu sais que je sais que tu sais que je sais ».

doxal de lui supposer un regard ; la moindre expérience en ce domaine, révèle qu'il n'y a de beauté que surprise et contemplée tout à la fois. Il semblerait, en conséquence qu'elle est regardée mais ne regarde pas. *A la vérité, ou bien il y a sujet d'un côté comme de l'autre ; ou bien il n'y a de sujet ni d'un côté ni de l'autre.* Quand il n'y a plus qu'un regard, le sujet regardant s'abîme ; l'objet du regard devient chose monstrueuse se montrant ; ce n'est plus la Beauté, mais regard pétrifiant de méduse. Un seul regard phobique parce que l'objet alors regarde. La barre de ∅ exprime ce paradoxe : elle dit que l'objet du regard est barré par son manque ; manque qui est précisément la marque du sujet. La feinte féminine consiste en ce que la femme se sait regardée mais donne à croire qu'elle ne le sait pas ; toutefois ce n'est pas une feinte à proprement parler, puisque la femme ne regarde pas. L'abus, dans ce jeu pulsionnel comme dans tout autre, est plutôt le fait de l'homme regardant et assuré de son regard : comme si, la répartition d'un sujet regardant et d'un objet regardé, allait de soi.

Le *regard* de l'homme, qui se définit comme réduisant le monde en objets, serait bien plutôt à destituer comme regard. La femme est partagée : elle regarde l'homme mais elle a la faculté de se *voir* et court ainsi le risque de s'objectiver ; mais si elle y renonce, elle se prive aussi de toute ouverture symbolique. Il n'y a ni symétrie ni rencontre entre l'un et l'autre regard, mais plutôt une triangulation, qui pourrait se figurer comme suit.

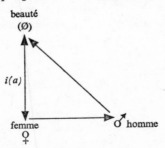

Aussi l'ambiguïté la plus inextricable brouille-t-elle nécessairement cette politique qui vise à restituer à la femme le regard, le droit de regard. Comme si elle ne l'avait pas! Sans doute cette politique signifie-t-elle seulement que la femme entend n'être plus beauté ni méduse pour le regard de l'homme. Mais pourquoi l'homme et la femme auraient-ils même regard, eux qui n'ont pas même sexe? Ce même regard trouant le monde de part en part, ruinerait l'ordre symbolique.

En fait la femme ne regarde pas; elle se donne à voir; elle est la beauté. Étant la beauté, elle est aussi objet d'amour, au même titre que les beaux adolescents de Socrate. Mais, comme le prouve la référence elle-même, il s'agit d'une place que la femme peut occuper ou pas; et de même l'homme, celle d'amant. La même référence nous dit que pour Socrate, tout adolescent était comme le fil à plomb blanc sur un mur blanc, c'est-à-dire beau indistinctement. De même, la femme pour l'homme qui aime toutes les femmes, preuve que le (a) reprend l'avantage, comme cause du désir, à la place du $(\varnothing)$, cause de l'amour. Quand (a) et $(\varnothing)$ coïncident, c'est le « désir brûlant » qui enflamme l'homme comme la femme, et comme Socrate à la vue de Charmides sur lequel il ne se précipite pas, bien qu'il ait envie de passer sa main sous son vêtement, mais que, au contraire — son calme et son assiette recouvrés après tant de tumulte —, il interroge longuement.

Quand elle n'est que (O) non barré, objet total et non sujet, la beauté fait coïncider (O) et $\$ \Diamond a$: c'est l'aventure d'O, sacrifiée sur l'autel de quelque dieu, et c'est l'histoire de Bellezza, la sœur de l'Amazone, que je vais raconter; mais naturellement c'est l'Amazone qui parle, Bellezza n'ayant pas de voix.

III. LA BEAUTÉ VOLÉE

Issue d'une famille princière par sa mère et d'une famille noble nordique par son père — officier de cavalerie de surcroît —, l'Amazone a fait peur aux hommes comme aux femmes dès qu'elle est apparue dans un groupe de psychodrame : 1,80 m, un port de reine, une aisance de mannequin, une voix d'homme, des propos franchement gaulois; les femmes se sont recroquevillées et les hommes ont baissé le nez. Pourtant ce n'est pas elle — deuxième des quatre filles — qui, dans la famille, était la beauté. Mais, sans conteste, l'aînée; rebaptisée, aussitôt née, Bellezza, médusant bientôt parents et amis, au point qu'on ne nommait personne autour d'elle autrement que : parents de Bellezza, sœurs de Bellezza, cousins de Bellezza, etc.

Voici comment l'Amazone raconte l'histoire :

« Belle, oui elle l'était. Mon père aurait bien voulu que je sois aussi belle. Mais elle était bête, absolument bête.

— Bête ? En quoi ? demanda-t-on.

— Mais elle n'a rien pu apprendre... elle n'a jamais appris à monter à cheval par exemple. Moi, tout de même... »

Et d'avouer que son grand remords c'est que son père, revenu gazé et tuberculeux de la guerre, soit mort après lui avoir donné une ultime leçon de cheval qu'elle avait quasiment exigée.

« Oui j'étais excellente cavalière, et puis j'ai su garder un homme. Ma sœur est devenue une putain. »

Bellezza a divorcé et n'a pu garder ses enfants. Le mari de l'Amazone a été dépêché par la famille pour aller la quérir à l'autre bout du monde.

« Il ne revenait plus. Il a été prisonnier. Je sais bien que je l'y avais envoyé. J'avais toujours passé mes hommes à ma sœur. Mais là, j'ai eu peur. »

L'Amazone passait les hommes à Bellezza. Mais ce n'était pas pour qu'elle les garde, apparemment.

« Ou bien avait-elle enfin compris ?

— Enfin, au bout de trois mois, il est revenu. Elle aussi. Elle couche avec l'un puis avec l'autre. Elle n'est plus tellement belle. Finalement, je le suis plus qu'elle. J'ai pris sa place. »

L'épilogue, dans le groupe, vaut d'être raconté. Une jeune femme, que nous appellerons Mimosas, s'aventure à avouer qu'elle a peur de l'Amazone. A quoi celle-ci réplique qu'il y a beau temps que cette Mimosas l'agace prodigieusement. Mimosas se met aussitôt à pleurer en disant que l'Amazone est « tout comme sa sœur à elle, une séductrice si féminine qui l'excluait, qui lui prenait toujours tout ».

Tout, c'est-à-dire sa mère et sa grand-mère; car son père était « pour elle », l'aînée, qui fit, comme l'Amazone, carrière. Mais Mimosas est devant l'Amazone comme devant une aînée et elle pleure comme une cadette, renversant du coup tous les rôles. Et même, Mimosas prend à témoin la thérapeute femme, comme elle prenait à témoin sa mère, la suppliant de reconnaître la méchanceté de l'Amazone et sa propre faiblesse.

Dès ce moment, nous ne savons plus qui est la beauté, qui est la fille-femme et qui est la fille-garçon; qui est la cadette et qui est l'aînée. Quel est le parent qu'on « se garde », le père ou la mère. Les choses s'embrouillent encore davantage quand Mimosas choisit — au hasard! — une timide nouvelle, qui se révèle après coup être l'aînée d'une petite sœur « séductrice » et détestée.

Si l'on songe que cette séance faisait suite à une autre où il avait été question d'une « horrible broche » que des mères offraient à leurs deux filles respectives pour leurs anniversaires — broche refusée et bientôt perdue — et que l'une de ces filles était précisément Mimosas, il devient clair que la beauté est ce bijou que la mère a donné ou non à la place d'autre chose (le sexe féminin). Les filles non pourvues ont dû aller chercher consolation chez le père à qui elles se sont alors identifiées, et elles ont fait, comme un homme, carrière.

Mais la féminité est restée, avec la beauté, imaginairement, chez l'autre. La perte est irréparable et l'on pleure; à moins qu'on ne continue à se battre comme l'Amazone, qui se pare de bagues énormes et hérissées de pointes, de colliers barbares et se farde comme une idole. « Ça m'amuse de faire peur », dit-elle de sa voix lente de basse noble, qui éclate un peu comme un coup de tonnerre tant elle est soudain forte. Et le groupe se tait.

Histoire de femmes, donc, où l'homme n'apparaît qu'à la périphérie, comme pénis à prendre à la place du cadeau refusé;

tandis que l'objet d'amour reste la mère; où le cadeau attendu est le cadeau de la mère; sous les espèces de la beauté, et de la féminité.

Histoire de miroir où l'aînée est toujours aussi en puissance la cadette d'une autre; la beauté, l'attribut d'une autre, comme la féminité; et le cadeau, ce que l'autre a reçu.

Tout volés qu'ils soient, ces attributs font peur, et c'est la peur de la femme phallique : puissante, dangereuse, écrasante, meurtrière : l'Amazone. La peur est toujours la même peur; c'est toujours la peur de nos « enfantins » et « primitifs » ancêtres.

La beauté agressive de l'Amazone n'est que l'effet d'une appropriation et même d'un vol : elle a volé la beauté de sa sœur, à sa sœur; sur son visage se superpose un autre visage; c'est un double masque, et le redoublement dénonce le mécanisme de la demande exclusive du regard. La beauté de l'Amazone n'est en ce sens que le produit de sa demande et non la cause de l'amour de l'autre.

La fonction de la beauté comme masque est parfaitement illustrée dans un cas exposé récemment par William G. Niedermann [1]. Comme on pouvait s'y attendre, il s'agit d'une femme. D'entrée de jeu, elle annonce à son thérapeute qu'elle a une cicatrice au visage; puis elle n'en parlera plus avant longtemps. Le thérapeute a beau scruter ce visage, il ne voit rien. C'est que depuis l'âge de neuf ans, à l'instigation de sa mère, la jeune femme a appris à se farder de façon à cacher totalement ce qui est en fait un angiome. La mère ne l'envoyait-elle pas se terrer dans la salle de bains, quand il y avait des visiteurs? Cette chose à cacher le fut donc bel et bien. Mais voici comment la jeune femme décrit plus tard (l'analyse a duré sept ans) cette *birthmark*. « C'est un écheveau de veines, de fibres rougeâtres, rosâtres, bleuâtres; de chair et de peau décolorées, souvent chaud et battant comme un pouls [2]. » L'analyste note qu'on voit dans cette description affleurer l' « équation

1. *The Psychanalysis Quarterly*, n° 3, 1975.
2. La traduction, libre, est de moi.

inconsciente » entre la tête de méduse et la cicatrice : très exactement l'horrible turquoise offerte à Mimosas par sa mère. Mais
le malheur de cette patiente; c'est de ne pouvoir rejeter le bijou.
Elle a une passion pour les pierres précieuses, qu'elle collectionne
pour leur « pureté », tandis que sa propre chair est impure : puisque
selon elle la plaie du visage contamine toute la personne. Elle
passe chaque jour plusieurs heures devant son miroir et quand
ça ne va pas comme elle veut, elle casse tout; violence et dépression alternent. Elle met la même passion à s'habiller et la même
aussi à équiper et décorer de toujours nouveaux appartements;
elle s'attache avant tout aux éclairages et au jeu des couleurs. Le
résultat est toujours décevant. Alors, elle vend et recommence
ailleurs.

C'est la mère évidemment qui lui a donné cet horrible visage
et cet odieux sexe féminin. Et la jeune femme demande au thérapeute de la faire renaître magiquement avec un visage neuf. Elle
ne changera pas de visage mais deviendra poète.

Niedermann explique par le même désir de réparation les visages
symétriques et les corps trop parfaits du peintre David. Il a découvert qu'effectivement, David avait une vilaine cicatrice à la lèvre
supérieure. Les hommes ne sont pas à l'abri, bien évidemment,
de ce qu'il appelle un *facial disfigurement* : il s'agit, comme dit
Niedermann en conclusion, de sauver la face. Car « il n'y a de
beauté que du visage ».

Il s'agit aussi, sauvant la face, de cacher le sexe, comme une
première fois, par l'image spéculaire asexuée.

L'Amazone cachait son sexe sous le fard. Mais si la beauté a
une fonction réparatrice de masque, elle manque ce qui la spécifie
comme objet inutile et vain, qui serait et n'aurait rien d'autre à
être que cause d'amour.

L'exemple qui suit l'article de Niedermann [1] est la démonstration même de la signification métaphorique de la tache. Il y est
question d'un enfant de sexe masculin, âgé de six ans et affligé d'un

---

[1]. Ira L. Mintz, *Parapraxis and the Mothers-Child relationschip.*

important eczéma. Cet enfant demandait à sa mère, précisément quand elle se trouvait dans son bain, de lui ouvrir la porte parce qu'il voulait lui montrer ses « pusticles [1] ». Le thérapeute associa immédiatement *pusticles* et *testicles*. Il y avait en effet un lien érotique très fort entre l'enfant et sa mère, négligée par un père impuissant. Il s'agissait, bien entendu, pour l'enfant de montrer à sa mère nue, quelque chose à la place de son propre sexe; mais aussi, montrant son propre sexe, de voir celui de sa mère. Outre qu'on peut tirer de cette histoire exemplaire toute la profondeur de l'expression populaire « aller se faire voir », elle effectue un démontage de la fonction du regard par le fait même qu'ici cette fonction se démultiplie en plusieurs temps : amener un objet métaphorique à la place du sexe et donner à voir au lieu de regarder. Ainsi, qui regarde qui et quoi? Personne ne peut le dire.

La beauté comme masque n'est-elle, aussi, que cela : ce que l'on montre à la place du sexe. Une analysante m'a raconté qu'elle avait provoqué un délire chez son fils psychopathe, mais ordinairement calme et respectueux, en lui apparaissant un soir habillée (ou plutôt déshabillée) pour aller souper chez des amis. Ce qui est apparu au garçon, ce n'est pas la beauté de sa mère, le visage de sa mère, mais sa nudité, son sexe. La chose sans regard lui a été jetée au visage hors de toute médiation symbolique, le bloquant comme sujet capable d'amour. Sans médiation ai-je dit [2]; et donc sans reste. Ce va-tout précipite le sujet dans le trou sans fond du regard unique. Il demeure que la contemplation de la beauté — même si elle ne se réduit pas à sa fonction de masque — n'implique pas davantage rencontre ni accord. S'il n'y a pas de rapport sexuel, il n'y a pas non plus rapport de contemplation; encore que l'homme et la femme vivent quotidiennement de beauté comme ils vivent de sexe. La beauté est l'ultime voile qui révèle la présence

---

1. Pour conserver le processus de contamination, il suffit de traduire en français : « pusticules » (« testicules ») au lieu de « pustules ».

2. Le O n'y est pas barré.

de l'Autre, au-delà de laquelle limite, il n'y a plus rien qu'un sexe sans sujet, tandis qu'en deçà il n'y a encore personne.

IV. CONCLUSION

La femme est la figure de cette scène du voile qui recouvre la scène primitive : elle danse l'éternelle et souvent ridicule danse du voile. Elle est seule à savoir pour voiler quel néant, tandis que l'homme fasciné regarde. Moyennant quoi, l'acte sexuel peut s'accomplir.

La copulation réussie et l'orgasme ne sont certes pas la visée de la cure analytique. Pourtant, il se trouve que, de surcroît, il est possible qu'ils en marquent l'issue. Ou du moins peut-on dire que l'homme et la femme n'ont pas de meilleure occasion que la relation sexuelle pour régler chacun leur difficile allégeance à la castration, qui est l'expérience pour chacun que son désir est désir de l'Autre. Ici encore, je citerai Myriam Pécaut : « Pansée par Dieu, la blessure ne devait après l'opération divine, laisser aucune trace visible au côté de l'homme; rien ne l'empêchait dès lors de refouler cette blessure ailleurs, vers la femme, autrement dit de la *symboliser* en la faisant ou en la disant femme [1]. » Et j'ajouterai : la tentation était grande pour la femme de panser sa blessure toujours rouverte, en *symbolisant* dans l'homme le remède, le phallus-miracle, le dieu-médecin.

Si elle ne voit pas de pénis quand elle regarde son sexe, si elle n'y voit qu'un trou, c'est tout bénéfice, puisqu'elle n'est pas invitée à bâtir, sur ce quelconque pénis, des montagnes! Pourquoi vouloir voir, quand il n'y a rien à voir de réel chez l'un comme chez l'autre? La revendication féminine ici — je veux dire chez celles qui demandent que leur soit rendu un regard propre —

---

1. Myriam Pécaut, « Le pur et l'impure », contribution au séminaire « Féminité, grossesse, sexualité », 1975, inédit.

s'emballe dans un fantomatique projet. C'est au contraire dans la différence que la femme peut encore se trouver, résistant au prestige de l'homme jusqu'au point de ne pas vouloir de ce prestige, de ce droit de regard, de ce pouvoir de réduire le monde en objets. Au prix de cette résistance, une parole peut choir, non pas de l'un plutôt que de l'autre, mais entre les deux.

Mais, pour reprendre un terme cher à Hélène Cixous [1], quel sera alors le « propre » de la femme ? La propriété, c'est bien en effet de cela qu'il s'agit depuis le commencement de l'histoire. Jusqu'à aujourd'hui, l'homme a réussi à acheter ou échanger des femmes au prorata de leur beauté. Quelle autre combinaison nous propose-t-on ? La pire serait celle d'une double et respective appropriation, la femme s'appropriant quant à elle un « corps sans fin, sans but, sans parties principales... immense espace astral » ; le corps de la mère, autrement dit. Encore une façon de contourner la castration.

Or, la blessure au flanc de l'homme est toujours là et si la femme est cette blessure, alors c'est qu'elle est aussi sa vérité, comme elle est sa beauté. « Ne découvre point la nudité de la femme de ton père, elle *est* la nudité de ton père. » C'est une prescription tirée du Lévitique par Myriam Pécaut, qui la commente ainsi : « Ce qui, avec la nudité est mis à découvert, est brèche ou faille » ; mais à la vérité, l'homme est aussi nu que la femme.

Que la beauté comme parure, c'est-à-dire comme arme et comme couverture, cache l'insupportable nudité, c'est là sa fonction la plus commune. Dès lors elle sert comme n'importe quel (*a*). Dans sa fonction de ∅, par contre, elle assure, à la césure du sujet et de l'objet, l'ouverture des chaînes signifiantes, et elle est cause d'amour.

S'il n'y a qu'un mot pour dire l'homme et la femme et pour les distinguer de l'animal — qui lui n'est pas nu et pas davantage habillé —, et si ce mot est précisément *homme*, la chose advient par une dénonciation délibérée, quant à la femme, de son corps

1. Cf. ci-dessus, note 2, p. 74.

propre, en faveur de la beauté — en quoi l'homme aussi trouve le chemin de la sublimation.

Ainsi l'un et l'autre n'ont pas d'autre moyen d'exister que dans cet ailleurs dont la symbolisation opère la traversée. Que l'homme soit « tout » ne le place pas hors du système de la demande.

Ni l'homme ni la femme (ni une femme) ne peuvent dire : je suis la beauté; pas plus qu'ils ne peuvent dire : je suis la vérité. Mais si une parole un jour est dite, c'est que deux voix s'y croisent; et si un visage apparaît, c'est que la beauté s'y compose. Parole dite de l'un à l'autre; beauté de l'un contemplée par l'autre en fonction de la séparation des sexes. Parole s'entend et beauté se voit, à condition d'être de l'un à l'autre, homme ou femme.

Pas de visage — en revanche — interposé dans la cure analytique. C'est le non-lieu. Aussi l'analysant est-il précipité dans le fantasme. Françoise Dolto a dit qu'en analyse, « on passe son temps à rater de plaire ». L'analysant parle, ou il se tait; il raconte des rêves; et même il rêve, à seule fin d'entendre un jour ce « Tu me plais ». Mais le « Tu me plais » faisant de l'analysant l'objet (*a*) de l'analyste, ferait du même coup échec à la cure. C'est seulement quand le tissu fantasmatique, faute de support, laisse voir le trou, que l'analysant peut se retourner.

La femme, en tant que celle qui en sait sur l'origine et en tant que préposée à la fonction de (*a*), paraît destinée à prendre la place de l'analyste, à cette différence décisive près que, sphynge, prostituée ou mère, elle ne fait advenir de cette place aucun sujet : « Vous vouliez bien vous prostituer, c'est tout ce que vous vouliez faire », dit un jour une analysante à son analyste qu'elle jugeait trop entreprenant. Et si l'analyste, comme la prostituée, retire de la scène son visage, ce n'est pas tant qu'il est sans désir en cette affaire, mais que son seul désir d'analyste, c'est de faire advenir l'autre comme sujet; non sans risque pour lui, puisque son propre rapport au monde en est changé.

L'acte analytique ne s'engage pas — au contraire de l'acte sexuel — sur un regard, quitte à aveugler ce regard pour trouver le sexe. Faire advenir le sujet là où parle l'inconscient, implique le non-lieu, la barrière vide bel et bien, et non ce solide écran fait de la rencontre de deux regards croisés où lèverait un visage. Si, à la fin, l'analysant découvre en se retournant un visage, il en découvrira ensuite bien d'autres avec le même étonnement; et s'il est homme, ce peut être un visage de femme. L'inévitable alternative du visage sans sexe ou du sexe sans visage peut alors éventuellement se résoudre en rencontre.

Table

FIRMIN-DIDOT S.A. PARIS-MESNIL.
D.L. 4e TRIM. 1976. No 4503-3 (1569).

LE CHAMP FREUDIEN

David Cooper, *Psychiatrie et Anti-psychiatrie*.

Françoise Dolto, *le Cas Dominique*.

W. Fliess, *Relations entre le nez et les organes génitaux de la femme*.

Jacques Lacan, Écrits ; *Séminaire* :
LIVRE I, 1953-1954, *les Écrits techniques de Freud ;*
LIVRE II, 1954-1955, *le Moi dans la théorie de Freud
et dans la Technique de la psychanalyse.*
LIVRE XI, 1964, *les Quatre Concepts fondamentaux de la psychanalyse ;*
LIVRE XX, 1972-1973, *Encore ; Télévision ;*
De la psychose paranoïaque dans ses rapports avec la personnalité,
suivi de *Premiers Écrits sur la paranoïa.*

Serge Leclaire, *Psychanalyser ; Démasquer le réel ; On tue un enfant.*

P. Legendre, *l'Amour du censeur.*

E. Lemoine-Luccioni, *Partage des femmes*

Maud Mannoni, *Éducation impossible ; le Psychiatre, son « Fou »
et la Psychanalyse ; L'Enfant, sa « Maladie » et les Autres ;*
l'Enfant arriéré et sa Mère.
Un lieu pour vivre

O. Mannoni, *Clefs pour l'Imaginaire ou l'Autre Scène.*

Ginette Raimbault, *Médecins d'enfants.*

Moustapha Safouan, *Études sur l'Œdipe ; la Sexualité féminine.*

Daniel Paul Schreber, *Mémoires d'un névropathe.*

P. Aulagnier-Spairani, J. Clavreul, F. Perrier,
G. Rosolato, J.-P. Valabrega,
le Désir et la Perversion.

Denis Vasse, *l'Ombilic et la Voix.*

Scilicet : Revue de l'École freudienne de Paris (parus : nᵒ 1 à 6).

CONNEXIONS DU CHAMP FREUDIEN

Gérard Miller, *les Pousse-au-jouir du maréchal Pétain.*